唐代玉雕綜論

JADES OF TANG DYNASTY

方勝利　FANG sheng lih
劉嶔琦　Liu Chin Chi　———— 著

　　法國巴黎國立吉美博物館（Musée national des arts asiatiques Guimet）專門收藏亞洲各國古代文物，另外，市立賽努奇博物館（Musée Cernuschi）收藏的文物亦以亞洲國家的古文物為主。後者的地下一樓展覽室陳列有唐代陶俑，時常看到學校老師帶著小朋友或家長帶著小孩來參觀。話說巴黎時常舉辦時裝秀，然而其實走在路上的行人，平時穿著便很講究，愛穿什麼款，就穿什麼款，換言之，放眼望去，活脫脫就是一場再真實不過的時裝秀。

　　小朋友們對於陳列在博物館裡的唐代仕女俑的髮型、服裝總是感到既新奇又陌生，每每看到他們席地而坐、專心素描的模樣，總讓我不免想要多看幾眼！

　　筆者在巴黎住了二十七年，時常去上述幾間博物館參觀，發現館方似乎從未陳列過唐代仕女俑的玉雕，所以，當我看到劉嶔琦先生收藏的唐代玉雕，自然萌生一種驚艷的感覺。

　　有幸參與《唐代玉雕綜論》一書的編輯論述工作，由於自己也是一位收藏者，因此更能夠深切感受到出版這樣一本書籍的不容易。從研究、逐件收藏、到匯整三百多尊玉雕作品，直到出版，其間的過程、情節，若非當事人，實在不容易體會箇中滋味。而深思這三百多件唐代玉雕創作的背後，以唐代當時的環境、人力，想要完成這一件件手工雕刻的藝術品又談何容易？畢竟「羅馬不是一天造成的」，本書揀選的這三百多件玉雕作品也非一天完成的，這些玉器可說是讓我們看到了唐代社會中各個面向的全貌，若有缺乏的部分，也應當不多。

　　在一千多年前的封建社會裡，這些藝術家及藝術工匠們沒能在他們的作品上留下姓名，此乃當時的社會背景、風氣使然，殊為可惜，否則例如「唐白玉兒童持畚箕捕鳥雕像」、「唐白玉飛天持琵琶演奏雕像」、「唐白玉羅馬武士持琵琶腳踏龍龜飛天雕像」等等，這些都足以成為千古名作、富有創意的精美作品。若能發現作者姓名，我們便可從中得知這究竟是出自哪幾位玉雕藝術家之手，豈不美哉！

　　值本書出版之際，筆者撰寫此文，期望本書能夠成為紙上文化饗宴中的一道菜餚，至於菜色的好與壞，企盼各位先進們不吝賜教。

|方勝利 | FANG sheng lih |

目錄

{ 導讀 }

綜論唐代玉雕

　　唐代自唐高祖李淵在長安稱帝（西元618年）至朱全忠篡唐，建立梁朝（西元907年）

為止，共計289年。在這期間，唐代既繼承了過往朝代所遺留下來的雕刻玉器的技藝。又因

唐朝的建立是李淵父子從隴西發展出來的政權，在血統上及作風上，多少與西域地區的人

（胡人）有關係，所以在玉雕文化上，既吸收保留了過去中原文化的特色，也發展出新的

通俗化、人性化的作品。

　　本書將唐代玉雕分成幾個項目如下：

　　（一）仕女及其他人物雕像：通常大小，高約15至20公分左右，有的也達到30多公

分。玉質多為白玉、青白玉或青玉，這些圓雕作品，精緻細膩、美輪美奐。加上自然的沁

色，更顯出具有年代的美感。

　　（二）仕女俑：作為俑的用途的仕女雕像，同樣美感十足，每個雕像都各具特色。

　　（三）武士雕像：當時的武士造型、服裝特色，清楚地保留在此類的雕像中。

　　（四）鎮墓天王：此類雕像所表現的除了色彩之外，在細節上應該更勝過陶土製成的

唐三彩。

　　（五）鎮墓獸：包括方相士及各式各樣的鎮墓獸，顯現當時的人們的思想及對保護墓

主人的期待與周到。

　　（六）鎮墓歲俑：如同鎮墓獸，而造型是與十二生肖的形狀有關的動物歲俑。

　　（七）飛天玉雕像：此類雕像，表現出十足動感。

　　（八）玉雕手鐲、玉獸符：戴在手上的玉雕飾品，除了表現美感之外，也顯示出主人

的身分地位，非一般平民百姓。

　　（九）隋代或唐初玉雕手鐲：由於此類手鐲，斷代不易，所以暫時將其定為隋代或

唐初。

（十）玉帶板：這類玉帶板所組成的玉帶，應為王公、貴族所配戴的產品。

（十一）舞俑、樂俑：由這些雕像可看出當時的舞人、樂人的千姿百態，以及造型、服裝。

（十二）玉牌、玉珮：題材廣泛、圖文並茂，顯現出當初的設計者及工匠的巧思。

（十三）雜項：包括玉梳、玉珮及其他。

（十四）神明、祖先神的雕像。

（十五）人物雕像：如祭祀官、文官、胡人、大食人等。

（十六）其他雕像。

（十七）附：隋代人物雕像：隋代是個短命的王朝，只延續了短暫的三十八年。因此玉雕產品，能夠留傳下來的必然不多。

（十八）附：五代玉雕。

唐代玉雕，林林總總，相當可觀。其中的人物型雕像，緊隨著魏晉南北朝的漢白石佛像雕刻之後，以硬度更高的白玉、青白玉或青玉來完成。這項成就及特色在中華玉雕史上，有其不可磨滅，相當閃亮的一頁。

吾素喜中華古玉，業餘時不斷地收藏，今將唐代玉雕整理出來編撰成一書，供各界欣賞，並請指教。倉促出書，不周之處，在所難免，歡迎指正。

仕女及其他人物雕像

此類雕像，工匠將當時的人物情景忠實地雕刻下來，猶如縮小的真實版，人物的造型、髮式、服裝以及當時的一些生活情形，例如淘米（或豆穀類）、兒童捕鳥…等等的情景被記錄下來。今昔之別，可作比較。唐代仕女的臉形，一般來說都顯得豐腴，或許是當時的美學感，認為如此較為賞心悅目，或許當時的生活普遍較為優渥，或許當時大多的人種臉形就是如此，無需特意去挑選，讓一千多年後的我們看到如此的造像或畫像，立即就可以與其他年代的雕像作出區分來。

唐代仕女的髮髻有很多種，例如倭墮髻、半月髻、雙髻…等等，但出現最多的，似乎仍以倭墮髻為首。倭墮髻擺放在頭上的位置，應該是隨著戴者的喜好，放置在頭上的地方，或左或右或正中，並沒有一定的擺放法。

仕女穿著的衣服，通常是袖口寬大的衣裙，有右衽與左衽之分，右衽是漢人所著，左衽是西域胡人所穿。例如唐白玉仕女與侍女淘米（或其他穀類）雕像，仕女的穿著即為右衽的衣裙；而唐白玉侍女讀書雕像（高14.5cm）仕女的穿著就是左衽衣裙。

此類雕像所用的材料，多為新疆和闐玉，包括白玉、青白玉或青玉，而且體積相當大，直徑20多公分甚至達到30公分，顯見當時唐代與西域間的交通、貿易是通暢的，玉料的來源相當充足。

魏晉南北朝對於神像的立體雕刻技藝已經相當嫻熟，只不過所用的材質是漢白石，而唐代的這些仕女及其他人物雕像，所用的材質多為和闐玉，硬度更高，難度也就更大。我們也發現到魏晉南北朝的神像玉雕（淺浮雕），工藝技術之美也是令人讚嘆。不過玉雕由淺浮雕到立體雕刻，難度上，仍然相差得大。

高：15.0 cm，寬：12.0 cm，厚：10 cm

唐白玉母子提籃食餅雕像

　　一整塊白玉雕成一母一子，母親盤坐在一小石几旁，面容豐腴，頭髮中分，往後束，頭上左上方戴一倭墮型假髮髻，雙手持拿著一盛裝食物提籃。衣服右衽，袖口寬大。母親的左側，坐一男童，頭部兩側各留一小圓髻，雙手緊持一餅，看似吃得津津有味。全器各處或多或少呈現黃土沁。整體而言，為一相當精美而生動的圓雕。

唐白玉仕女與侍女淘米雕像（或豆穀類）

　　整塊玉雕成一仕女與一幼童淘米（或豆穀類）雕像。坐姿仕女，豐腴的臉形，中分的頭髮往後束，頭上右上方戴一倭墮型假髮髻，身穿大袖衫裙，右衽。雙手捧一容器，內裝米（或豆穀類）正在淘選。右立一女童，頭上戴一倭墮型假髮髻，左衽。雙手持一箕形工具正在幫忙。全器皆有黃土沁。

| 高：17.5 ㎝，寬：17.5 ㎝，厚：6.0 ㎝ |

唐白玉仕女持杯與孩童持童玩雕像

　　一塊白玉雕一立姿仕女與一孩童。仕女面貌豐腴，中分頭髮，自然下垂，頭髮左上方戴一倭墮型假髮髻。身著左衽、大袖裳裙。左手向上抬起一盤，盤上置一杯，右手輕扣盤邊。孩童立於仕女右方，臉蛋飽滿，頭上留一小撮頭髮，雙手持一童玩。全器黃土沁明顯。

唐青玉仕女坐讀雕像

　　仕女坐一石上，兩腳彎曲交叉，右腳在前。頭髮中分，往後束，頭上右上方戴一倭墮型假髮髻。穿一薄衫，袖口寬大，雙手露出，持一打開的書冊，一幅閱讀狀。全器有明顯的黃土沁。

唐白玉仕女持珠寶盒雕像

　　白玉雕一坐姿仕女，臉形豐腴，中分頭髮往後束，頭髮左上方一倭墮型髮髻。身穿對襟大袖長衫裙。右腳彎曲觸地，左腳膝蓋翹起，跨過右足。右手伸放在右膝上。左手捧著長方形珠寶盒。全器有黃土沁。

| 高：13.0 ㎝，寬：12.0 ㎝，厚：6.0 ㎝ |

唐青玉仕女持犀牛角杯孩童讀書立雕

　　一整塊青玉雕成站姿的一仕女與一孩童。仕女面龐豐圓，頭髮中分，往後束，頭上左上方戴一倭墮型假髮髻。身穿短襦長裙，袖口寬大。右手向上伸起，手指微張，貼於胸前。左手持拿著一犀牛角杯。兩腳尖微微從裙襬下方露出。孩童站在仕女左方，頭頂留著一小撮頭髮，身穿長袍，雙手持拿著一本打開的書冊，似在閱讀。全器各處，或大或小的面積，呈現有黃土沁現象。

唐青白玉仕女讀書雕像

　　仕女坐地展冊，臉龐豐腴圓潤，態度雍容。頭髮中分往後束，左上方頭上戴一倭墮型假髮髻。衣服左衽，袖口寬大，衣裙蓋住雙腳，裙襬部分觸地，左腳足部微微露出。雙手持書冊，雙眼偏離，並未正視，或為右方他物吸引。右腿彎曲觸地，左腿撐起跨過右足。玉質圓潤，從髮髻至裙襬下方各處，局部或大片面積，皆有黃土沁現象。

| 高：14.5 cm，寬：8.5 cm，厚：7.0 cm |

唐青玉仕女閱讀雕像

　　坐姿仕女，雙腳交叉，膝蓋拱起，左腳在前。圓型豐滿的臉部，五官甜美。頭髮中分，往後束，頭上左上方戴一倭墮型假髮髻。左手持一書冊，右手五指微曲置放於右膝蓋上。袖口寬大，衣裙裙襬下緣處輕觸地面。左腳腳尖微微從裙襬下方露出。玉質光潤，雕工上乘，或多或少的黃土沁現象，增加歷史痕跡與全器美感。

唐白玉仕女提籃女童持蓋杯雕像

　　整塊白玉雕成一仕女與一女童。仕女頭上正上方戴倭墮型假髮髻。身著大袖衫。臉形豐腴，左手持一提籃，右手支撐著提籃的底部。女童站在仕女的左方，雙手捧著一蓋杯，其髮髻與衣服樣式與侍女的大致相同。全器呈現有黃土沁現象。

| 高：34.0 ㎝，寬：15.0 ㎝，厚：6.5 ㎝ |

唐青白玉仕女雙手持杯雕像

　　仕女臉部豐腴，頭髮中分往後束，頭上右上方戴一倭墮型假髮髻。身著短襦長裙，右

衽、大袖。雙手捧著一盤，盤上一杯。仕女頭向右偏，身體稍呈S形，臉上露出微微笑容。

全器有黃土沁現象。

唐白玉仕女捧杯雕像

　　仕女臉部豐潤，頭髮中分，往後束，頭上右上方戴一倭墮型假髮髻。身穿短襦長裙大
袖。雙手捧著一盤，盤上一杯。仕女頭向右偏，身體向前拱曲，面部表情柔和。全器呈黃
土沁現象。

白玉仕女持冊雕像

仕女臉龐豐腴，頭髮中分，往後束，戴一倭墮型假髮髻。身著短襦長裙、大袖
雙手持拿一書冊。仕女頭部略向後仰，身軀微彎。全器呈現黃土沁現象。

唐青白玉官員與侍童對弈雕像

　　整塊玉雕成一官員與一仕童對弈情景。官員頭戴幞頭，頂部二角，左右各一（晚唐硬翅型）右手持一煙斗，左手撫著下巴鬍子。嘴唇上方留有八字鬍。仕童立在官員的右方，兩人中間擺放一几，其上有棋盤。兩人似在對弈與對話。全器分佈有黃土沁。

唐青玉仕女持扇雕像

典型的唐代仕女豐腴面貌。頭髮中分，往後束，頭上左上方戴一倭墮型假髮髻。身穿長裙大袖衣。右手持拿著一扇把，左手放在扇面上。身體微微往前彎。全器略有黃土沁現象。

| 高：17.0 ㎝，寬：6.0 ㎝，厚：4.5 ㎝ |

唐白玉仕女持冊雕像

　　仕女面容豐腴，頭部微向右傾，頭髮中分向後束，頭上右上方戴一倭墮型假髮髻。穿
一長裙大袖，衣服左衽。左手拿一書冊，右手五指平伸，放於右膝上。左膝彎曲像右平放
於座上，右膝跨過左腳足部，右腳垂直於地面上，右腳鞋頭微露出。全器到處都有或多或
少的黃土沁。

唐白玉仕女持扇執花與侍女捧盤雕像

　　整塊白玉雕成一仕女與一侍女，坐姿仕女面貌豐潤，中分頭髮向後束，頭上左上方戴一倭墮型假髮髻。身穿長裙大袖，右手執一花，左手持一扇。侍女坐在仕女的左方，雙手捧盤。全器呈現或多或少黃土沁現象。

唐白玉仕女持扇與孩童捧珠寶盒雕像

　　一塊青白玉雕成一立姿仕女與一孩童。仕女，豐腴的臉龐，頭髮中分往後束，頭上左
上方戴一倭墮型假髮髻。身穿短襦長裙，腰間繫一結，大袖。左手持一扇柄，右手執扇
面。孩童站在仕女左方，頭上留一小撮頭髮，雙手捧著珠寶盒。仕女的短襦有摺皺紋，雙
腳尖微露出長裙下端外方。全器有黃土沁。

| 高：27.0 ㎝，寬：13.0 ㎝，厚：7.5 ㎝ |

唐青玉仕女酌飲雕像

　　坐姿仕女，臉部豐潤，中分頭髮向後束。頭上左上方戴一倭墮型假髮髻。身穿短襦長裙、大袖、左衽。左手持杯，右手放於腰間，雙腳鞋尖微露出於長裙下緣。全器到處有或多或少的黃土沁。

| 高：16.0 ㎝，寬：8.5 ㎝，厚：5.0 ㎝ |

唐青白玉仕女持扇與侍童捧杯盤雕像

　　一整塊青白玉一立姿仕女與一侍童。仕女臉形豐腴，中分的頭髮往後束，頭上右上方戴一倭墮型假髮髻。身著長裙，左衽，大袖，腰部繫一打結之衣帶。左手持一扇把，右手執扇面。侍童站在仕女左方，頭上留一小撮頭髮，身穿長衫。雙手捧著盤子，其上有杯。全器有黃土沁。

| 高：21.0 cm，寬：9.0 cm，厚：4.0 cm |

唐青白玉仕女持壺杯雕像

立姿侍女，臉形豐美，中分頭髮往後束，頭上戴一倭墮型假髮髻。身穿短襦長裙、大袖、右衽。雙手捧著盤子與壺杯。左膝微彎，似在緩步行進中。衣服的摺皺被精美地表現出。全器有黃土沁。

| 高：24.5 cm，寬：7.5 cm，厚：6.0 cm |

唐白玉仕女教書雕像

　　一塊白玉雕成一仕女一孩童，仕女盤坐面容豐潤，中分頭髮向後束，頭部上方繫一倭墮型假髮髻。身穿寬袖長裙，右衽，右手持一書冊，左手在書冊前比劃，似在側耳傾聽孩童的回答。立姿孩童頭上留一撮頭髮，穿一長衫，右衽。雙手捧持一盤，其上放置一杯。全器各處有或多或少的黃土沁。

| 高：20.0 ㎝，寬：18.5 ㎝，厚：8.5 ㎝ |

唐白玉仕女持杯雕像

　　坐姿仕女，臉部豐潤，頭髮中分往後束，頭上正上方繫一倭墮型假髮髻。身著大袖長衫，右衽。右手捧一杯底，左手置於杯子上方。神情怡然平靜。全器皆有黃土沁。

唐青白玉仕女與孩童持果品雕像

　　一整塊玉雕成坐姿的一仕女與一男童。仕女臉龐豐潤，頭髮中分往後束，頭上右上方
繫一倭墮型，一邊大一邊小的假髮髻。身穿薄衫裙、大袖、右衽。兩手捧拿一容器，器內
放一果品。左膝彎曲著地，右膝彎曲翹起跨過左腳。男童面容豐腴，頭上留一小撮頭髮，
著一長衫，寬袖。雙手捧持一盤，盤內放一與侍女所持相同的果品。男童的坐姿與仕女
同。全器皆有黃土沁。

| 高：15.0 cm，寬：15.0 cm，厚：8.0 cm |

唐白玉兒童持畚箕捕鳥雕像

　　一塊白玉雕成一兒童捕鳥情景。兒童面貌圓潤，頭上留一小撮頭髮，身穿寬袖衣裳。安置了一畚箕，以一木棍將其一頭撐高，棍上綁一繩，繩的另一端藏於一大石頭後方。兒童正等待畚箕上的鳥兒跳至地面覓食時，將繩子一拉，牽動木棍而放下直立的畚箕，將鳥兒蓋在畚箕內。實乃一生動而寫實的捕鳥情景。全器有黃土沁。

| 高：10.0 ㎝，寬：22.0 ㎝，厚：8.0 ㎝ |

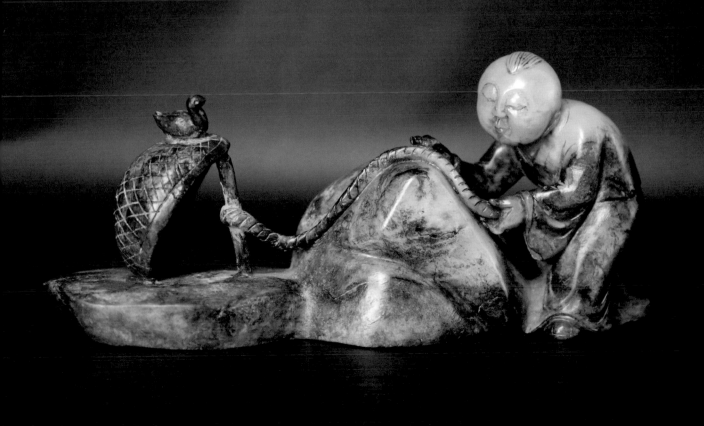

唐青白玉官員飲宴與侍童雕像

　　一塊青白玉雕一坐姿官員與一坐姿侍童。官員面貌豐潤,頭戴幞頭,身穿對襟袍衫,
窄袖。手持杯碗之物。侍童坐在官員左側,左手持杯,右手持蓋。二人看似正在飲宴。此
器到處都有或多或少的黃土沁。

| 高:17.0 cm,寬:14.0 cm,厚:7.0 cm |

唐白玉仕女持扇雕像

　　仕女面部豐腴，中分頭髮往後束，頭上左上方戴一倭墮型，左大右小髮髻。身穿短襦長裙，大袖，腰間繫一帶，打一結。右手持扇柄，左手執扇面。雙膝微微彎曲。全器有黃土沁。

| 高：25.5 ㎝，寬：8.5 ㎝，厚：6.5 ㎝ |

唐白玉仕女持瓶侍童持寶盒雕像

　　一塊白玉雕一立姿仕女與一侍童。仕女臉部豐腴，頭髮往後束，頭上正上方戴一倭墮型左大右小的假髮髻。身穿對襟長裙，大袖，左手持瓶底，右手指接觸著瓶口。侍童立於仕女右側，短髮貼於頭上，身穿長衫、窄袖，右手托住寶盒底，左手壓在寶盒上。全器皆有黃土沁。

| 高：27.0 ㎝，寬：13.0 ㎝，厚：5.0 ㎝ |

唐白玉仕女持珠寶盒雕像

　　白玉雕一立姿仕女，面容豐腴，頭髮往後束，頭上右方戴一倭墮型髮髻，身穿大袖長裙。雙手置於胸前捧著一方形珠寶盒。全器有明顯黃土沁。

| 高：19.0 ㎝，寬：5.0 ㎝，厚：4.0 ㎝ |

唐灰白玉二仕女持珍珠與珠寶盒雕像

　　一整塊灰白玉雕二立姿仕女，左邊仕女臉形豐腴，中分頭髮往後束，頭髮正上方戴一倭墮型假髮髻，身穿長裙，大袖。雙手持拿珠寶盒。右邊仕女臉形和裝扮與左邊仕女略同，雙手持拿珍珠。兩人似在交頭接耳，好不歡欣。全器有黃土沁。

| 高：20.0 ㎝，寬：15.0 ㎝，厚：6.0 ㎝ |

唐白玉飛天持琵琶演奏雕像

　　白玉雕成一飛天，面目清秀。頭髮往上往後束，頭上繫一相黏雙髻。雙手持琵琶，正在彈奏樂器。上身裸露，下著緊腰寬口長褲，外加天衣環繞飄動。飛天站在一雕飾有雲紋之台座上，左腳直立踩在卷曲的天衣上，右腳彎曲抬起，隨著音樂起舞，動感美妙十足，玉質光潤潔白，全器略有黃土沁。

| 高：26.0 ㎝，寬：8.0 ㎝，厚：5.0 ㎝ |

唐白玉飛天持琵琶演奏雕像

　　白玉雕成一飛天，面目清麗。頭髮往上往後束，頭上繫一山形髮髻。雙手持琵琶，正在彈奏音樂。上身裸露，下著緊腰寬口長褲，外加天衣環繞飄動。飛天站在一台座上，左腳直立著地，右腳彎曲抬起，隨著音樂起舞，動感十足。玉質潔白光潤，全器略有黃土沁。

| 高：21.5 ㎝，寬：7.5 ㎝，厚：5.5 ㎝ |

唐白玉羅馬武士持琵琶腳踏龍龜飛天雕像

　　白玉雕一羅馬武士，臉形微略長形，頭戴一無邊帽，帽前鑲嵌一土耳其石。上身裸露，穿一短褶裙，由跨肩的吊帶連結著。左手撐住放於背後的琵琶，右手伸向肩背後，將其頂著。左腳赤足踏在一龍頭龜身背上。右腳彎曲抬起。武士身上披著一飄帶，連結武士與龜身，平衡整體重心。全器玉質光潔，有土沁現象。

| 高：30.0 ㎝，寬：12.5 ㎝，厚：6.0 ㎝ |

唐白玉飛天持琵琶演奏雕像

　　白玉雕一飛天。面容清秀，中分頭髮往後束，頭上繫有髮髻。額上一白毫。雙手持琵
琶，正在彈奏音樂。身著裳裙，外加天衣飄動。左腳彎曲抬起，隨著樂音起舞。全器有黃
土沁。

| 高：29.0 cm，寬：17.5 cm，厚：4.0 cm |

唐青玉仕女雕像

　　青玉雕一立姿仕女，面容清秀，頭上戴一右大左小倭墮型假髮髻。身穿寬袖長衫裙，右衽，腰繫一帶且在腹前打一結。雙手放置於胸前及腰際，體態優雅。全器有黃土沁。

| 高：23.0 ㎝，寬：5.5 ㎝，厚：3.5 ㎝ |

隋至唐初白玉仕女戴半翻髻直立雕像

　　直立仕女，臉形秀麗，頭髮往上束，頭上戴一半翻髻，身穿短袖上衣、長裙，外加披帛。雙手抱於腹前。全器佈有黃土沁。

| 高：27.0 ㎝，寬：6.0 ㎝，厚：5.0 ㎝ |

唐岫岩玉持樂器仕女雕像

　　以岫岩玉雕成的仕女，站在一圓型的台座上。五官秀麗，容貌豐腴，頭髮中分往兩邊
及往後梳，直至耳際。頭髮正上方繫一假髮髻。仕女身穿窄袖、雙襟上衣，腰間繫一帶。
下半身穿長裙。一副豐滿自在的模樣。雙手持樂器。全器有十沁。

唐岫岩玉持鈸仕女雕像

　　由岫岩玉雕成的仕女，站在一圓型的台座上，面容圓潤，頭髮自然垂至耳際，頭上繫
一角形假髮髻。雙手持鈸，正在演奏。身穿緊袖緊身長袍，胸部雙乳凸出，一副豐滿的模
樣。全器有石灰水沁。

| 高：31.0 ㎝，寬：12.0 ㎝，厚：8.5 ㎝ |

唐青玉敲鑼仕女雕像

　　由青玉雕成的仕女，站在一圓型的台座上，面貌豐潤，頭髮自然下垂至耳際，頭上繫一角形假髮髻。仕女裸露上身，雙手持敲擊棒，正在敲一銅鑼。腰繫一帶，穿一長裙。全器有明顯的土沁。

| 高：31.0 cm，寬：13.0 cm，厚：8.5 cm |

唐青玉敲鼓仕女雕像

　　由青玉雕成的仕女，站在一圓型的台座上，面貌豐腴，頭髮自然下垂至耳際，頭上繫
一角形假髮髻。

　　仕女上身裸露，腰繫一帶，下半身穿一長裙。左手持鼓，右手拿棒，正在敲擊表演
中。全器有明顯的土沁。

唐白玉持煙斗頭戴七樑冠文官雕像

白玉雕成一立姿文官，面部豐潤，額上一小圓記，頭戴七樑冠，身穿袍式衫，大袖。肚子微凸。右手持一煙斗，左手持一粒狀物。全器有黃土沁。

唐白玉侯爺頭戴四樑冠品茗雕像

　　白玉雕一侯爺，面容豐胖，頭戴四樑冠，身穿對襟袍衫，大袖。斜倚在小石旁，雙手持杯似在品茗（或飲料）。全器有多處黃土沁現象。

| 高：20.5 ㎝，寬：14.5 ㎝，厚：8.0 ㎝ |

仕女俑

　　在奴隸社會的時代，君王在死時常用活人陪著死者同葬的這種風俗，亦即所謂的「殉葬」。但文明漸開，逐漸改用「俑」來陪葬。至今遺留下來較多的是陶俑，戰國、兩漢、魏晉南北朝、隋、唐皆有。玉器由於制作難度較大，也就較少使用玉俑。唐代玉雕在歷史上算是一個高峰，仕女俑玉雕的出現，也就不足為奇。

　　例如本書中唐白玉雙臂交叉仕女俑（高22.0cm）（曹衣山水型），能以如此精美的玉雕作為陪葬俑的，當是王公貴族莫屬。此仕女俑的雕刻，從衣服的褶紋表現方式，稱之為曹衣出水型，來源是北齊畫家曹仲達描繪人物的衣衫緊貼身上，猶如剛從水中出來一般，所以上述的雕像稱之為曹衣出水型。

　　相對於「曹衣出水型」的如本書中唐白玉仕女俑（頭繫鸚鵡假髮髻）（高17.0cm），身穿長衫裙，圓轉飄曳之狀，猶如唐代畫家吳道子所畫人物，衣帶宛如迎風飄動之狀，因此稱「吳帶當風」型。

　　仕女俑玉雕在唐代之前可說少見，在唐代之後似乎也少見。唐代的仕女俑玉雕也足以證明是玉雕史上的一個高峰期。

唐白玉雙臂交叉仕女俑（曹衣出水型）

　　由白玉雕成的直立仕女，面容秀麗。頭髮中分往後束，頭上正上方繫一小髮髻。右
衽、長袖，衣衫緊貼身上，猶如剛從水裡出來一般，屬「曹衣出水」型式。雙手交叉於胸
前，姿態優雅，玉質潔白光潤，仕女胸部以下直至腳部有明顯含鐵質之咖啡色水沁。

| 高：22.0 cm，寬：4.5 cm，厚：2.5 cm |

唐白玉鸚鵡髻仕女俑（吳帶當風型）

　　此立姿仕女俑由白玉雕成，玉質光滑。仕女相貌圓潤，頭上正上方繫一鸚鵡假髮髻，身穿對襟長衫裙，圓轉飄動，屬「吳帶當風」型式。雙手相觸於腹前。全器帶有黃土沁。

│ 高：17.0 ㎝，寬：5.0 ㎝，厚：4.0 ㎝

隋至初唐青玉舞女俑

由青玉雕成的舞女俑，面貌秀雅。頭髮中分往後束，頭髮上方繫一髮髻。身穿長袖短
襦、長裙。右手往後上方揮舞，左手往左下方搖擺，配合整體舞姿。全器有黃土沁及石灰
水沁。

唐青玉獸面紋雲紋舞俑

　　由一塊青玉雕成的立姿舞踊，面容一般。身穿長而寬袖的長衫。衣服上刻飾有淺浮雕式的獸面紋與雲紋。舞俑左手舉起將長袖往肩背後甩。右手將袖子往左下後方揮擺。全器碩大，並有黃土沁。

| 高：44.0 cm，寬：11.5 cm，厚：13.5 cm |

白玉雙手臂交叉舞俑（曹衣出水型）

此立姿仕女俑由白玉雕成，面貌秀麗，頭髮中分往後束，頭上正上方繫一髮髻。右
衣衫緊貼身上，屬「曹衣出水」型，猶如剛從水中出來一般。穿長袖的雙手交叉於腹
姿態美妙。玉質光潤潔白，全器有明顯的黃土沁。

：20.5 cm，寬：4.5 cm，厚：4.0 cm |

唐青玉交心髮髻仕女

　　此立姿仕女俑由青玉雕成，相貌秀雅，頭上繫一交心髮髻。身穿緊袖長裙。外加披
帛，有美麗的褶紋。雙手執一物，置於腹前。全器有明顯之黃土沁。

唐青白玉交心髻仕女俑

由青白玉雕成直立的仕女俑，面貌姣好。頭上繫一交心髮髻。身穿長衫裙，外加披帛。雙手相觸於腹前。全器黃土沁明顯。

| 高：20.0 ㎝，寬：6.0 ㎝，厚：3.2 ㎝ |

唐白玉雙髻仕女俑

由白玉雕成的直立仕女俑，笑容可掬。頭上二髮髻。長袖、長裙，外加披帛。全器黃土沁明顯。

唐灰白玉仕女俑

　　灰白玉雕成的仕女俑，面容慈善。身穿窄袖長袍，長袍上有三條弦紋線，呈階梯狀之弧形下垂。雙手接觸於腹前。全器到處有或多或少的黃土沁。

| 高：19.5 cm，寬：5.0 cm，厚：4.0 cm |

唐青玉雙髻女俑

参

武士雕像

　　雕像上的細節，包括武士面貌，從頭到腳的著裝，到處都相當講究。若與唐三彩的彩陶武士相較，大致上是相似的。當時對武士個人的防護上是相當重視。頭上戴著兜鍪，主要是保護著頭與頸部。身上的披膊、圓護、腹部的圓護，將上身嚴密地護著。腿部的腿裙、腳上的靴子。從上到下，在遭到攻擊時，總是有一層很好的隔離，對於身體的傷害，會有某種程度的減輕作用。

　　要打贏一場戰爭，因素固然很多，然而武士與兵員的裝備，精良與否，當然很重要。唐代，尤其在初期時，國力強盛，領土廣大，邊陲各國都臣服於其武力之下。由這些武士雕像，可見當代的武士的穿戴是相當的注重與講究。

唐白玉武士雕像一對

　　以白玉雕成的直立武士，面容威武嚴肅，頭戴兜鍪，身穿披膊、甲身；胸有圓護，腹部亦有圓護，腿部有腿裙，腳穿靴子。左手彎曲舉至眼前，右手彎曲向前。全器有黃土沁。

| 高：19.5 cm，寬：7.5 cm，厚：4.0 cm |

唐白玉武士雕像

由白玉雕成的直立武士，面貌威猛嚴肅，頭戴兜鍪，身穿披膊、甲身、胸護、腹護，腿部有鱗片狀的腿裙。腳穿靴子。雙手橫放於腹前。全器有黃土沁。

| 高：13.0 ㎝，寬：5.0 ㎝，厚：3.0 ㎝ |

鎮墓天王

　　鎮墓天王的雕像是被放置於墓中以護衛死者。這些天王，一般來說皆勇猛強悍、孔武有力，穿戴堅實而講究。造型上時常是腳踩怪獸或惡魔，這些怪獸或惡魔與鎮墓天王相較之下，體形上就顯得弱小與不堪一擊。

　　雷公腳踩怪獸，雷公應該沒人見過，雕像必係想像之作，根據傳說，憑著想像雕出司雷之神—雷公，披著天衣，從天而降，來到人類的陰間，鎮煞除魔，製作者也頗富想像力。

　　唐代時，這種侍死如侍生，生前享受榮華富貴，死後不僅有舞俑、樂俑置於身旁隨侍，進入陰府更需要鎮墓天王來保護。隨葬物品，金銀財寶更是不在話下，這就是當時奢葬之風。

唐青白玉武士雕像

　　青白玉雕成的武士，面容嚴肅威武。頭戴盔帽，身穿披膊、甲身，胸有圓護，腹部亦有一圓護，腿部有腿裙。武士左手握拳，右手插腰。左腳踩住魔鬼的肩部，右腳踏在他的雙膝上。武士展現一副征服惡魔的得意神色。全器有泥土沁。

　|　高：21.0 cm，寬：10.5 cm，厚：4.0 cm　|

唐青玉武士雕像二尊

　　青玉雕成的武士，面貌肅穆威武。頭上戴帽，雙耳巨大，嘴上留著兩撇鬍子。身穿甲衣，胸有圓護。腿部有腿裙。武士左手握拳，右手插腰。右腳跪地，左腳彎曲，足部著地。左手袖子末端的衣物，似遭外力撕裂，顯然曾經經過一場打鬥。全器玉質光亮，有黃土沁。

| 高：19.5 ㎝，寬：14.0 ㎝，厚：5.0 ㎝ |

唐青白玉鎮墓武士雕像

　　青白玉雕成的鎮墓武士，面貌威武，頭上停著一隻仙鳥。胸穿鎧甲，下著短袍長褲，左腳直立，右腳彎曲抬起，踏住一魔鬼。雙手無持物，似乎只靠徒手即可鎮住兇煞。全器玉質光潔，帶有黃土沁。

| 高：24.0 ㎝，寬：7.5 ㎝，厚：6.5 ㎝ |

隋白玉門神雕像

　　白玉雕成的門神，面容嚴肅威武，下巴上留有長鬍鬚。頭上方有火焰紋的頭光。一身
武人裝束，身披天衣飄帶。右手持長劍，左手觸著劍身，右腳踏在魔鬼彎曲的膝蓋上，左
腳踏在其頭上，一副鎮魔的形象。全器黃土沁明顯。

唐青白玉雷公頭光腳踩怪獸雕像

　　青白玉雕成的司雷之神－雷公，長而尖的鳥嘴，彎曲的雙角圍成的頭光。上身裸露，下半身圍著兜肚，披著飄動的天衣。左腳踩著怪獸的尾部，右腳踏住怪獸的頭。全器玉質光亮，略有黃土沁。

隋（唐）青白玉牛頭鳥嘴腳踩龍龜鎮墓獸形立雕

　　一塊青白玉刻成一鎮墓獸形之立雕。牛頭鳥嘴，左手放於肚前，右手執一蛇的蛇尾，鳥嘴咬住蛇身，蛇作彎曲狀。袒胸露乳。左腳踩龍頭，龜身之龍頭，右腳踩龜身。全器之黃土沁明顯。

唐白玉武將腳踩鳥首獅身鎮墓獸形立雕

　　一塊白玉雕成一武將，身穿鎧甲，胸前有二圓護。左手握拳高高舉起，右手握拳放於腹前。左腳抬高踩在鳥首獅身獸的頭上，右腳著地貼於獅身獸後。全器有黃土沁及部分石灰水沁。

| 高：22.5 cm，寬：10.5 cm，厚：6.0 cm |

唐白玉西藏神明手持法號腳踩惡魔雕像

　　由白玉雕成的西藏立姿女神，一張威嚴、厲害的面容。頭戴兜鍪，全身裸露，胸前掛鍊珠，身披天衣，其上掛了四顆魔鬼的頭顱。左手彎曲於胸前，手中拿著一粒珠丸。右手高舉，持拿一法號。右腳彎曲抬起，左腳踏住一惡魔。一副力鎮兇煞的模樣。玉質潔白光亮。全器有黃土沁。

| 高：26.5 ㎝，寬：9.0 ㎝，厚：6.0 ㎝ |

隋至初唐白玉持戟天王

　　白玉雕一直立天王，面容嚴肅威武，頭部後方有輪形頭光，外飾火焰。天王身穿甲衣，護胸及腹。腿部護有獸頭及獸皮做成的腿裙。右手插腰，左手持戟。左腳踩在惡魔的肚上，右腳踩在其頭頂上。一副惡魔剋星的模樣。全器黃土沁明顯。

| 高：29.0 ㎝，寬：13.0 ㎝，厚：4.0 ㎝ |

唐岫岩玉武士雕像

　　以岫岩玉雕一武士，雙手插腰站在一台座上，武士面貌威武嚴肅。頭上繫一髮髻，身穿披膊、甲身、胸護、腹護及腿裙。全器有明顯的土沁。

| 高：36.0 ㎝，寬：13.0 ㎝，厚：6.0 ㎝ |

鎮墓獸

　　魏晉南北朝以及唐代所流行的鎮墓獸，應該起源於漢代的方相士，例如東漢白玉方相士雕像（高21.5cm），這種半人半獸的形象，扮演著保護墓主人的角色。魏晉南北朝的鎮墓獸從人首獸身雕像到獸首獸身雕像皆有。隋代乃至唐代一樣有人首獸身雕像，也有獸首獸身雕像。在唐代出現有文官或仙人騎辟邪獸或神獸的雕像，這種立體雕刻工藝相當精緻，細節刻劃入微。

　　漢代的雲紋，時常可以在鎮墓獸的身上某些地方看到，而勾形紋則特別顯現在魏晉南北朝的雕刻上，例如青玉鎮墓獸印（高15.0cm）。

東漢白玉方相士（魏晉唐鎮墓獸起源）雕像

　　以白玉雕成的直立方相士，站在一方型台座上。人面表情嚴肅。上半身以半抽象式的形態來表達。下半身則為獸的後肢。此種方相士應為魏晉南北朝以及唐代的鎮墓獸的起源。全器略有黃土沁。

| 高：21.5 cm，寬：9.0 cm，厚：5.0 cm |

唐青玉坐龍雕像

　　以青玉雕一坐龍，大眼、闊嘴，雙耳往後方直立。前肢向前伸，後肢支撐整個直立的身軀。尾巴由身後彎曲伸往腹前方，這是在唐代獨特的雕龍藝術表現。全器有土沁及石灰水沁。

|高：21.0 cm，寬：10.0 cm，厚：8.0 cm|

隋代前後青玉人面獸身犀牛角尾鎮墓獸

此鎮墓獸由人面與獸身所組成。人面上表現的是濃眉、大眼以及巨耳。獸身則帶有犀牛角尾以及蛇胸。鎮墓獸立於長方型座上，相當具有鎮懾力，全器帶有黃土沁。

| 高：14.0 cm，寬：14.0 cm，厚：6.0 cm |

唐青玉鎮墓獸雕像（獅身飛翼人首螺旋髻）（一對）

以青玉雕成的鎮墓獸（一對）。人首，面目嚴肅，大耳、尖形下巴，頭上飾有螺旋髻。獅身，前肢站立，後肢屈坐。雙翼貼身，尾部略短。全器黃土沁明顯。

魏晉白玉鎮墓獸（人首人頭髻牛蹄獅身雕像）

　　由白玉雕成的鎮墓獸。人首，面目嚴肅，卷雲紋耳。頭上飾有人頭髻。獅身、牛蹄、
帶有羽毛的飛翼，前肢站立，後肢屈坐。玉質光潤，全器有明顯的黃土沁。

魏晉地方玉鎮墓獸（犀牛角獅身飛翼雕像）

　　以白玉雕成的鎮墓獸，面目猙獰，獸口大開，頭上有兩隻犀牛角。獅身及飛翼，其上飾有龍紋、卷雲紋。獸的前肢站立，後肢屈坐。全器有黃土沁及石灰水沁。

魏晉青白玉鎮墓獸雕像（犀牛角獅身飛翼）

青白玉雕成的鎮墓獸，獸口大開，面目猙獰。頭上有犀牛角。獅身及飛翼，其上飾有龍紋、卷雲紋。獸尾卷曲狀。獸的前肢站立，後肢屈坐。全器有黃土沁。

| 高：10.0 ㎝，寬：8.0 ㎝，厚：4.5 ㎝ |

隋唐青白玉鎮墓獸雕像（人首虎身飛翼）

以青白玉雕成，呈半蹲狀的鎮墓獸。人首，面目嚴肅，耳朵以卷雲紋來表現。虎身，

其上亦飾有卷雲紋。飛翼，翼尾卷曲。虎尾短小。全器有明顯的黃土沁。

魏晉青玉鎮墓獸印（人面獅身犀牛角）

鎮墓獸印由青玉雕成，人面，頭上有犀牛角，耳朵飾以雲紋。獅身，其上雕有勾形
紋，此種紋飾在魏晉時期的動物形態的雕刻品上常可看到。全器十沁明顯。

隋唐青玉鎮墓獸雕像（獸首犀牛角牛耳鳥身蛇胸）

　　鎮墓獸由青玉雕成，獸首、犀牛角、牛耳、鳥形嘴，鳥身、飛翼、蛇胸，集許多鳥獸的特徵於一身。玉質光亮，有黃土沁。

| 高：17.0 cm，寬：15.5 cm，厚：10.0 cm |

隋唐青白玉鎮墓獸雕像（人首獸身三背脊）

　　由青白玉雕成的鎮墓獸，人首，五官分明，大耳。獸身，背上有三尖柱型背脊。身上陰刻有雲紋。尾部彎曲，身體成蹲坐狀。玉質平滑，略有黃土沁。

| 高：6.0 ㎝，寬：5.0 ㎝，厚：2.0 ㎝ |

魏晉白玉鎮墓獸雕像（人首獸身螺旋髻）

跪姿鎮墓獸，由白玉雕成，人首，斜斜的雙眼，以雲紋飾雙耳。頭上一螺旋髻。玉質
光潤，土沁明顯。

| 長：7.0 ㎝高：4.5 ㎝，厚：3.0 ㎝ |

唐獅面鎮墓獸

　　直立的鎮墓獸，獅面，頭上長二尖角，張開大口，上下兩排利牙，相當駭人。左手高舉，右手伸向前，露出三尖爪。右腳壓住形狀似獸的惡魔的下半身，左腳踏住其頭部，一副凶猛無敵的模樣。全器有土沁。

| 高：22.5 ㎝，寬：13.0 ㎝，厚：4.5 ㎝ |

唐青白玉持圭騎辟邪獸文官俑

　　一整塊青白玉雕成一文官騎在一辟邪獸上，文官面容嚴肅，雙手持圭，舉在面前。辟
邪獸體形高大，一副威猛的形狀。整座雕像在一長方形座上。全器有石灰水沁及黃土沁。

唐白玉仙人持荷騎神獸雕像

　　一塊白玉雕成一仙人，身披天衣，雙手高捧荷花，側坐在一神獸上。神獸體態壯碩，外形似馬，頭上長一角，尖形雙耳朝天，上下齒皆有尖牙，狀極兇猛。神獸腳下一長方形座。生坑。全器有黃土沁。

| 高：18.0 ㎝，寬：13.0 ㎝，厚：6.0 ㎝ |

鎮墓歲俑

　　鎮墓歲俑的造型，通常是以人的體形為主，頭部為人頭，加上十二生肖動物的特徵，例如羊、虎或牛等特徵，雕刻而成。有的就直接以動物首為頭部，如馬首歲俑或辰年龍首歲俑…等。其中羊歲俑雕像，也有可能為羌族的祖先圖騰雕像，主要是因為羌族以羊為祖先圖騰。

　　歲俑指的是十二生肖俑，即鼠、牛、虎、兔、龍、蛇、馬、羊、猴、雞、狗、豬等。配合著十二地支：子、丑、寅、卯、辰、巳、午、未、申、酉、戌、亥等年名。例如未年羊歲俑或寅年虎歲俑等來命名。

　　本項中的武將雙首（人與牛首）歲俑，全器有壽衣沁，相對於亮潤的白玉就顯得很明顯，也是一個很好的沁色的實例。

隋青玉武將羊歲俑雕像

　　由青玉雕成的直立武將羊歲俑。武將面形嚴肅，頭上二羊耳。身穿戰袍，胸前有護
胸，下半身刻飾有卷雲紋。全器黃土沁明顯。歲俑，指的是十二生肖俑，即鼠、牛、虎、
兔、龍、蛇、馬、羊、猴、雞、狗、豬等。由於羌族以羊為祖先圖騰，因此本雕像亦有可
能為羌族的祖先圖騰像。

│ 高：16.5 cm，寬：5.5 cm，厚：5.0 cm │

隋灰白玉未年羊歲俑

　　由灰白玉雕成的直立未年羊歲俑，羊形頭部、人身。身穿雙襟緊袖衫袍，其上飾有卷雲紋。玉質有黃土沁。由於羌族以羊為祖先圖騰，因此本雕像亦有可能為羌族的祖先圖騰像。

| 高：15.5 ㎝，寬：4.0 ㎝，厚：3.0 ㎝ |

隋唐白玉未年羊歲俑

　　由白玉雕成的立姿羊歲俑，人面以及人身，頭上飾以二羊角。雙手置於腹部前方，持一圭，一副恭敬虔誠的模樣。玉質光潤，全器有明顯的黃土沁。由於羌族以羊為祖先圖騰，因此本雕像亦有可能為羌族的祖先圖騰像。

| 高：14.0 ㎝，寬：4.5 ㎝，厚：2.5 ㎝ |

隋白玉牛首歲俑

　　以白玉雕成的直立牛歲俑。牛首，雙耳往上翹，頭戴尖形帽。人身，穿緊袖右襟左衽袍衫，亦即胡服，袖上飾有卷雲紋。雙手相觸於腹前。全器有明顯的黃土沁及石灰水沁。

隋青白玉馬首歲俑雕像

由青白玉雕成的馬首歲俑。馬首、直立人身，身穿緊袖袍衫，其上飾有陰刻的卷雲紋。雙手相觸於腹前。玉質光潤，全器有明顯的黃土沁。

唐至五代白玉龍龜人像歲俑玉雕

由白玉雕成的歲俑，由龍首、龜背，以及蹲狀人身共組而成。手臂上刻飾有卷雲紋。此為龍歲俑。玉質白潤，全器有壽衣沁。

| 高：6.0 ㎝，寬：5.0 ㎝，厚：1.8 ㎝ |

隋唐白玉壽衣沁牛與武將雙首歲俑雕像

　　以白玉雕成的歲俑，由牛首與武將頭部，各朝相反方向共組而成。牛首及其前肢為一方向。人首與其頭胸部為另一方向。其上除了牛背部上的毛之外，還刻飾有卷雲紋。此為牛歲俑。玉質白潤，全器有壽衣沁。

| 高：9.5 cm，寬：5.0 cm，厚：3.0 cm |

六朝玉質褐化不辨辰年龍歲俑手拿奏板

由玉所雕成的直立龍歲俑，龍頭、人身，雙手持奏板。下裳前方以淺浮雕方式，刻飾
出人面相，雙眼、鼻與雙唇。本器玉質褐化，無法辨出為何玉種。

唐灰白玉巫師吸煙斗雕像

　　以灰白玉雕一巫師像，造形奇特，整個雕像呈現S形。具像的是人形頭及雙手持著煙斗，煙嘴連著嘴部。其他地方以各種雲紋的紋飾來表現其美感及神秘性。全器有紫紅色的硃砂沁。

| 高：17.5 cm，寬：8.0 cm，厚：3.0 cm |

唐白玉瑞獸背刻開元印紋飾件

　　由白玉雕成的一半橢圓形飾件，以淺浮雕方式刻一瑞獸，頭上一角，胸肌凸出，肋骨顯現，上肢粗壯有力，末端有利爪，與下肢靠攏，蹲在一台座上。飾件上有不少卷雲紋紋飾。飾件背面，以陰刻方式刻有虎紋及開光印紋。全器黃土沁明顯。

| 高：10.0 cm，寬：8.0 cm，厚：1.5 cm |

飛天玉雕像

　　「飛天」其意並非指的是天空中飛行的神，而是天庭的舞女，也就是天女或仙女。這些唐代飛天玉雕像，所顯現的飛天，臉形豐腴，體態輕盈，身上所披天衣迎風飄揚，有的手持寶物要向佛菩薩供養，有的扮演著天庭的舞女。這些玉雕像充滿了美感與動感，主要當作玉珮之用。

唐白玉飛天玉珮

　　由白玉雕成的二飛天，左右各一，互相依偎在一起，邊上各飾一螭龍。全器以鏤空的
方式來完成。玉質光潤，略有黃土沁。

| 高：7.5 cm，寬：4.0 cm，厚：0.7 cm |

唐白玉飛天獻寶玉珮

　　由白玉雕成的飛天，身披天衣，上身裸露，兩手捧著一獻寶之物。飄飛之狀的身下飾
以卷雲紋。玉質光潤，全器略有黃土沁。

唐白玉飛天玉珮

以白玉雕一飛天，面貌俏麗，頭上戴一髮髻，身披天衣。裸露上身，下穿長裙。身體由卷雲紋支撐著，猶如騰雲駕霧一般，充滿動感。玉質潔白光潤，全器略有黃土沁。

| 高：7.5 ㎝，寬：5.0 ㎝，厚：1.4 ㎝ |

唐白玉飛天玉珮

由白玉雕成的飛天，頭戴一尖形帽，雙手合於胸前，身上有翼，具有羽狀尾部。玉質光潤，全器略有黃土沁。

高：7.5 cm，寬：3.4 cm，厚：1.0 cm

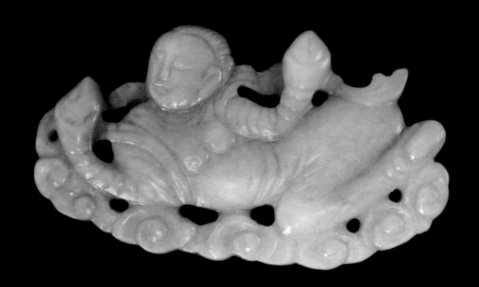

唐白玉飛天獻寶玉珮

　　由白玉雕成的飛天，身披天衣，上身裸露，兩手各持獻寶之物。全身上下，飾以一圈卷雲紋。玉質圓潤，全器略有黃土沁。

| 高：5.8 cm，寬：3.2 cm，厚：0.5 cm |

玉雕手鐲、玉獸符

　　手鐲戴在手臂上的，稱為臂釧。例如本書中唐白玉獸面紋臂釧，由四小段所組成，小段與小段之間以細繩之物相連結，由於是戴在臂上，所以臂釧的口徑通常較大。戴在手上的，稱為手鐲，口徑通常較臂釧為小。

　　在手鐲的外緣，雕以紋飾以增加美觀，例如纏枝牡丹、纏枝蓮花、雲紋、弦紋，乃至飛天、迦樓羅鳥神，或各種動物，如象、魚、龍、獅、馬、虎、雞、豬，甚至面具，種類真是多樣。

　　獸符為傳達命令、徵調兵將時的一種憑證。其中一半獸符由將帥，另一半獸符由皇帝保存。皇帝下旨令後，傳達者帶著皇帝的旨令與獸符至將帥處，互相驗證，相符為真。獸符除了玉獸符之外，尚有銅獸符。材質雖然不一樣，驗證的目的是一樣的。古代的銅獸符，至今仍有留存下來。

　　玉獸符有玉虎符、玉牛符還有玉魚符及玉兔符等。

　　玉獸符之文字，一件以陰刻方式，另一件則剔地陽刻，兩者左右筆劃相反。若兩者相嵌合，則為符合，所以稱之為「符」。

　　本項中的玉虎符與玉牛符，皆有某種程度的沁色，顯示出歲月的痕跡。

唐白玉獸面紋臂釧（分四段）

　　以白玉雕成的臂釧，每件由四段所組成，每段的邊部皆有小孔，藉此與另一段以細繩物相連結，由於年代久遠，連結物應已腐壞或脫落分離。所以僅存如圖片中的四段。每段的紋飾相同，兩端皆以淺浮雕的方式飾以獸面紋。全器有明顯黃土沁。

| 高：7.0 cm，寬：2.0 cm，厚：1.0 cm |

唐白玉纏枝牡丹紋手鐲

由白玉雕成的手鐲，以淺浮雕的方式，飾以牡丹花及纏枝葉，相當典雅，應為唐代婦女所深深喜愛之物。全器微微有黃土沁。

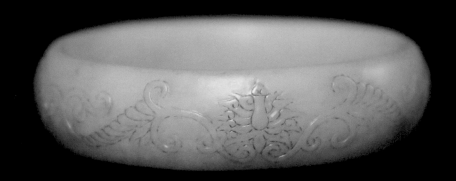

唐白玉纏枝蓮花紋手鐲

由白玉雕成的手鐲，以淺浮雕的方式，在外緣飾以纏枝蓮花，十分脫俗典雅，應為唐代愛美的女性夢寐以求的飾物。全器微微有黃土沁。

唐白玉迦蘿鳥神紋手鐲 (飛天樂器有簫、笛、琵琶)

　　白玉雕成的手鐲，以淺浮雕的方式，在外緣飾三迦蘿鳥神，’兩片翅膀羽翼高張。鳥神雙手執樂器，有簫、笛與琵琶，一副吹奏的模樣。空白處穿插卷雲紋，使得整個畫面十分充實。玉器潔白光潤，全器略有黃土沁。

|外徑：9.0 ㎝，內徑：7.0 ㎝，厚：1.5 ㎝|

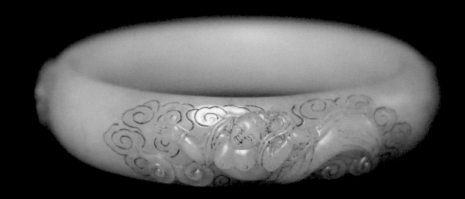

唐白玉獻蓮花飛天紋手鐲

　　白玉雕成的手鐲，以淺浮雕的方式，在外緣飾三飛天。相貌秀雅，頭戴髮髻。身披天衣，裸露上半身，雙乳凸出。其中二飛天，左手執敬獻蓮花。飛天身旁飾以陰刻卷雲紋，動感十足。玉質光潤，略有黃土沁。

| 外徑：9.0 ㎝，內徑：6.8 ㎝，厚：1.5 ㎝ |

唐白玉象鼻魚龍紋手鐲

　　白玉雕成的手鐲，以淺浮雕的方式，在外緣飾以三個形態相同的動物，外形為龍，卻

且象鼻與魚鱗身，為一組合而成的想像之物。玉質白潤，有明顯的黃土沁。

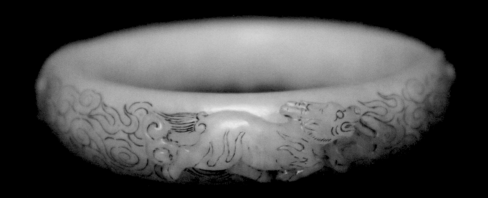

唐白玉龍、獅、象紋手鐲

　　白玉雕成的手鐲，以淺浮雕的方式，在外緣飾以一龍紋，一獅紋及一象紋。空白處再以淺浮雕及陰刻方式增添卷雲紋。使整個手鐲充滿了紋飾。玉質潔白光潤，有明顯黃土沁。

唐白玉雲紋手鐲

　　白玉手鐲，外緣的上方及下方，以淺浮雕的方式各飾一圈卷雲紋，讓平素的表面，增添美感。玉質潔白光潤，略有黃土沁。

｜ 外徑：8.8 cm，內徑：7.2 cm，厚：1.8 cm ｜

唐白玉五虎騎雲紋手鐲

　　白玉手鐲外緣，以淺浮雕的方式，飾構圖相同的五飛虎，每隻飛虎背上有二飛翼，虎尾往上方飄飛。其四足呈快快奔躍狀，飛馳於卷雲紋上。有明顯的土沁。

| 外徑：8.5 ㎝，內徑：6.6 ㎝，厚：2.0 ㎝ |

唐白玉五雞紋手鐲

　　白玉手鐲，外緣以淺浮雕的方式，飾構圖相同的五隻雞，每隻雞，昂頭，雞尾翹起，一副精神飽滿的模樣。土沁明顯。

| 外徑：8.3 cm，內徑：6.6 cm，厚：2.4 cm |

唐白玉五面具紋手鐲

　　白玉手鐲，外緣以淺浮雕的方式，飾構圖相同的五個面具，面具雙眼睜得大大圓圓
的，張開大嘴，露出兩顆尖銳的獠牙，額頭上刻著數道深深的縐紋，極具鎮懾、驅魔的作
用。全器有明顯的土沁。

唐青玉龍鱗紋手鐲

　　青玉手鐲，外緣以淺浮雕的方式，飾以猶如龍鱗尖角形片狀的紋飾，一片疊著另一片環繞著整個手鐲。全器有明顯的黃土沁。

| 高：1.0 ㎝，寬：8.5 ㎝，厚：1.0 ㎝ |

唐白玉弦紋手鐲

　　白玉手鐲，外緣以淺浮雕的方式，是以三道弦紋，上下兩道較淺，中間的較深，深淺相配，具有層次感。全器黃土沁明顯。

| 外圓：8.0 cm，內圓：6.0 cm 高：1.5 cm |

唐代青玉「獸符」二字篆刻虎符

由青玉雕刻而成的臥姿虎形玉符，虎口張開，牙齒全露，一雙大眼直視前方。虎尾由身後，往上往前置於背上。身上飾有大小雲紋。兩半虎符，一半以陽刻，另一半以陰刻，左右相反的字形，刻出小篆「獸符」二字。全器沁色明顯。虎符為傳達命令，徵調兵將，以及各種事物佈達的一種憑證。其中一半交給將帥，另一半由皇帝保存。雙方各執一半，合之以驗真假，合之符合表示驗證可信，除了虎符之外，又有牛符、角符等獸符。

唐代青玉「獸符」二字篆刻牛符

由青玉雕刻而成的臥姿牛形玉符，牛頭側一邊，雙眼大張。牛尾捲放於背上後上方。身上飾有雲紋。兩半牛符，一半以陽刻，另一半以陰刻，左右相反的字形，刻出小篆「獸符」二字。全器沁色明顯。牛符與虎符一樣是作為傳達命令，徵調兵將，以及各種事物佈達的一種憑證。其中一半交給將帥，另一半由皇帝保存。雙方各執一半，合之符合表示命令驗證可信，除了本器中的牛符之外，尚有虎符、魚符等。

| 長：15.0 cm，寬：8.0 cm，高：1.5 cm |

隋代或唐初玉雕手鐲

　　此時期的玉雕手鐲，由於外緣較寬，可以雕刻紋飾的面積就較大，因此安排了連續三個相同紋飾的淺浮雕像。紋飾上有飛天（演奏音樂或獻果）、持斧天王、雷公、舞人等。

　　唐代初期之後，稍微縮小了手鐲的寬度，雕像面積也就隨之縮小，所以就安排了連續五個相同的淺浮雕像。手鐲的寬度大或小，三個雕像或五個雕像在美感上何者較美？或者是愈晚期的愈美吧！所以才會去修正早期的看法。

隋白玉三飛天吹簫紋手鐲

　　白玉手鐲，外緣以淺浮雕的方式，飾構圖相同的三飛天，飛天面容端正，頭戴髮髻，身披天衣，身穿緊身衣褲，雙手執一簫，正在吹奏。全器有明顯土沁。

| 外圓：8.0 ㎝，內圓：6.0 ㎝，厚：2.5 ㎝ |

隋青白玉三飛天獻果紋手鐲

青白玉手鐲，外緣以淺浮雕的方式，飾構圖相同的三飛天，飛天面貌雅正，頭戴髮髻，身披天衣，手持獻果，飄然自在。全器有明顯土沁。

隋白玉三持斧天王雕像手鐲

　　白玉手鐲，外緣以淺浮雕的方式，飾構圖相同的三天王。天王面貌嚴肅威武。雙手各持一斧，具有十足鎮嚇之勢。全器有明顯土沁。

| 外圓：10.0 ㎝，內圓：7.0 ㎝，高：2.5 ㎝ |

隋白玉三雷公持錘紋手鐲

　　白玉手鐲，外緣以淺浮雕的方式，飾構圖相同的三雷公。本器雷公以雷公鳥來表現，尖尖的鳥嘴，雙手合執一錘。全器有明顯黃土沁。雷公一詞，係出自《楚辭》，雷公是司雷之神，屬陽，故稱雷公，又稱雷神。

唐仿戰國白玉三舞人雲紋手鐲

　　白玉手鐲，外緣以淺浮雕的方式，飾構圖相同的三舞人，舞人正在隨音樂揮袖起舞。
兩舞人之間飾以卷雲紋，手鐲上雖為仿戰國紋飾，但唐代風格仍然鮮明。全器黃土沁明
顯。

隋白玉三舞人紋手鐲

　　白玉手鐲，外緣以淺浮雕的方式，飾構圖相同的三舞人，舞人揮動雙袖隨音樂翩翩起舞。全器黃土沁明顯。

拾

玉帶板

　　玉帶板是用來裝飾皮革製腰帶的玉飾件，整體稱之為玉帶。它是實用器也是裝飾品，在唐代只有高級官員才能配帶，所以也是代表配戴者的身分地位。經過漫長的時間，玉帶的皮革（稱之為「鞓」）腐朽了，只剩下玉帶板存留至今。

　　如唐白玉玉帶板是由十二塊玉飾件所組成，二塊铊尾與十塊銙。铊與銙的一面，通常飾以淺浮雕紋飾，另一面平面無紋。

　　唐代時，也有胡人在朝庭當高級官員，因此這類官員在穿著上搭配玉帶，而玉帶上的紋飾飾以胡人形象也就理所當然。

唐白玉玉帶板鉈尾（2 片）

由十二塊白玉雕，組成的玉帶板，其中鉈尾二塊。

| 長：8.4 cm ，寬：4.4 cm ，厚：0.5 cm |

唐白玉玉帶板銙（10片）

　　銙十塊。正面以淺浮雕及陰刻線紋飾以胡人形象，身穿緊衣、緊袖、飛帛、飄帶，足穿尖形靴。或站或跪或坐在氈毯上。有的手執樂器正在演奏。背面光素無紋，但鑽有供連結的小穿孔。十二塊玉帶板皆有黃土沁。

唐青白玉飛天紋玉帶板

　　由青白玉雕成的玉帶板，上下平行，左右圓弧形所圍成。其內鏤雕一飛天。身披天衣，雙手共持一物。玉質圓潤，全器略有黃土沁。

| 長：5.0 cm ，寬：3.0 cm ，厚：0.2 cm |

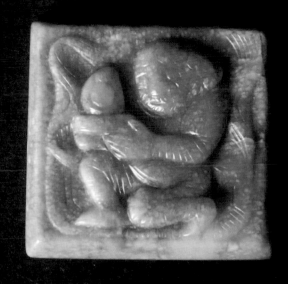

唐白玉胡人獻寶玉帶板

　　由白玉雕成一玉帶板，板上刻飾一胡人，左腳跪地，右腳屈膝立於地上。雙手捧著獻寶之物，一副恭敬的樣子。白玉玉質圓滑光潤。全器黃土沁明顯。

| 長：4.0 ㎝ ，寬：4.0 ㎝ ，厚：0.6 ㎝ |

　　唐代舞女俑身穿袍衫，其袖口通常寬大如喇叭口，例如唐白玉舞女玉珮（高7.5cm），但與隋代的舞女俑相比，例如隋白玉舞女玉珮（高6.5cm）上雕飾的舞女的袖口則更為寬大，甚至有點誇張。

　　至於舞蹈，如唐白玉舞人健舞雕像（高20.5cm），健舞的舞姿就是如此。

　　樂俑所演奏的樂器，計有琵琶、篳篥迴、嗩吶、鼓、笙、橫笛、簧琴、鑼、號角、鈸、洞簫、排簫、胡琴、手風琴…等等，種類很多。

　　隋至唐初青玉舞俑（高11.5cm），整個玉雕造型，線條簡潔抽象，而且充滿曲線美感，是很難得的藝術作品。再如唐青玉仿戰國裙袖鏤空舞女雕像（高42.0cm），也是造型獨特優美的大型玉雕舞俑。

　　唐白玉舞女玉珮（高7.5cm），舞女腰間繫一玉珮，讓我們了解到當時這也是佩戴玉珮的一種方式。

唐白玉持琵琶胡人雕像

　　以白玉雕一胡人，面貌端正，嘴上留有八字鬍，下巴亦有一卷卷扭曲的鬍子。右腳跪地，左腳半蹲，手持琵琶，一副正在演奏的樣子。全器有黃土沁。

| 高：9.5 cm ，寬：5.0 cm ，厚：2.0 cm |

唐青白玉胡人持簸邏迴雕像

　　以青白玉雕一胡人，面容豐腴，肚子凸出，頭戴胡帽。雙手持簸邏迴。右腳跪地，左腳半蹲。全器土沁明顯。（參考孫機先生著作《仰觀集》，第335頁，圖21-28之新疆庫車出土舍利盒上的樂舞圖。）

| 高：9.0 ㎝　，寬：4.5 ㎝　，厚：2.0 ㎝ |

唐青玉吹嗩吶胡人雕像

　　以青玉雕成的一跪姿胡人雕像，頭上戴著尖形的胡帽，樣貌有點粗俗。身穿緊袖對襟
上衣，下穿長褲，雙手持嗩吶。全器黃土沁明顯。

| 高：27.0 ㎝ ， 寬：13.0 ㎝ ，厚：9.0 ㎝ |

唐白玉舞俑雕像

　　白玉舞俑，頭戴幞頭帽，身穿窄袖衣衫，左手揮至頭後方，右手在腹前擺動。左腳跪地，右腳彎曲立地，一副正在舞蹈的模樣。全器有黃土沁。

| 高：6.5 cm ，寬：4.0 cm ，厚：2.5 cm |

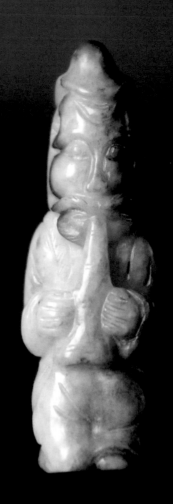

唐白玉胡人舞俑雕像

　　以白玉雕成的胡人像，鼓起的臉頰，顯然是因吹奏樂器的關係。嘴上及下巴皆滿蓄鬍
子。頭上戴一高帽。雙手執一樂器，正在吹奏。右腳跪地，左腳半蹲。玉質圓滑，全器略
有土沁。

| 高：6.5 ㎝ ，寬：2.0 ㎝ ，厚：1.4 ㎝ |

唐白玉胡人舞人雕像

　　由白玉雕成的胡人，嘴上留有兩撇鬍子。頭戴胡帽。右手揮向右後方，左手向前捲曲。腳穿胡靴，一副正在舞蹈狀。玉質光潤，全器有黃土沁。

| 高：5.3 cm ，寬：3.0 cm ，厚：2.0 cm |

唐白玉佩刀舞俑

　　以白玉雕成的舞俑，面帶笑容。頭戴尖形胡帽，身穿右襟左衽長袍衫，寬袖。左手揮向左後上方，右手向左擺於腰際，身體略向左彎曲，一副舞蹈狀。身佩一刀。全器黃土沁明顯。

| 高：6.0 ㎝ ，寬：3.0 ㎝ ，厚：0.5 ㎝ |

隋至唐初青玉舞俑

　　由青玉雕成的舞俑，臉蛋形姣美的面容，頭戴假髮髻。身穿窄臂寬袖連身片裙。狀似正在翩翩起舞，婀娜多姿，具有十足動態美感。全器黃土沁明顯。

| 高：11.5 cm ，寬：2.0 cm ，厚：6.3 cm |

唐白玉舞女玉佩

　　由白玉雕成的舞女，面目端莊，頭戴假髮髻。身穿寬袖左襟右衽袍衫，腰上繫一圓形
玉佩。身上飾有陰刻卷雲紋。雙手大袖揮舞，舞姿曼妙。全器有黃土沁。

| 高：7.5 ㎝　，寬：3.2 ㎝　，厚：0.6 ㎝ |

唐白玉胡人舞女玉佩

以白玉雕成一胡人舞女，面貌端莊。頭戴尖形胡帽。身穿右襟左衽袍衫，其上飾有陰
刻卷雲紋。左手下垂，右手揮向頭後方，一副美妙舞蹈的模樣。全器有明顯的黃土沁。

唐白玉胡人舞女玉佩

　　由白玉雕成的胡人舞人,一臉愉悅,頭戴胡帽,身上飾以淺浮雕條紋。舞人右手橫過
腹部朝向左方,左手高舉直至頭部,應是隨音樂起舞。玉質光亮滑潤,全器黃土沁明顯。

| 高:8.0 cm ,寬:2.5 cm ,厚:0.5 cm |

唐白玉胡人舞女雕像

　　白玉雕一胡人舞女，頭向上仰，半長的頭髮梳向後方，耳朵飾以雲紋。胸罩式的上衣，半裸上身，下穿束腿寬口長裙。穿長袖的左手往左後上方揮動，右手腕彎曲向前。胸部約略往前，臀部後翹，一副全身舞動的美姿。全器有黃土沁。

高：26.5 ㎝，寬：12.0 ㎝，厚：6.5 ㎝

唐白玉舞俑

　　由白玉雕成的舞俑，面貌秀雅。身穿左襟右衽衣裳。袖口寬大。正在翩翩起舞，婀娜多姿。全器有明顯石灰水沁。

| 高：13.3 cm ，寬：4.5 cm ，厚：1.0 cm |

唐白玉擊鼓舞樂俑

　　以白玉雕成的舞樂俑，五官端正，穿左襟右衽衣裳，身披天衣。兩手各拿鼓槌，正在擊鼓。全器有明顯石灰水沁。

| 高：11.0 ㎝ ，寬：4.3 ㎝ ，厚：1.2 ㎝ |

唐
代玉雕綜論

唐玉質不辨吹笙舞樂俑

　　由玉雕成的舞樂俑，穿左襟右衽衣裳，身披天衣。左手橫在胸前，右手抱笙，正在演
奏。玉質不辨，全器有明顯的石灰水沁。

唐青玉吹橫笛舞樂俑

　　以青玉雕成的舞樂俑，穿左襟右衽衣裳，身披天衣。雙手持橫笛，正在演奏。全器有石灰水沁。

唐白玉彈琵琶舞樂俑

　　由白玉雕成的舞樂俑，五官端正，身披天衣，雙手抱著琵琶，其上端飾以鳳鳥的頭部，樂俑正在演奏。全器有石灰水沁。

| 高：12.0 cm，寬：5.0 cm，厚：1.0 cm |

隋白玉舞人玉佩

　　以白玉雕一舞人，頭上戴一圓形髮髻。身穿左襟右衽長衫裙，長裙上刻飾有卷雲紋。
袖口寬大呈喇叭狀。玉質光潤。全器略有黃土沁。

唐青白玉彈琵琶立俑

　　一塊青玉雕成一立姿男子，端正的五官，頭上戴一平頂帽。身穿緊袖短襦，長衫，右
衽。腹部繫一帶，帶的兩端自然下垂。雙手執一琵琶，一副正在演奏狀。全器有黃土沁。

唐白玉舞樂俑持手簧琴雕像

　　白玉雕成的舞樂俑，面容俊俏，頭髮中分向後束，頭髮正上方，繫一髮髻。身穿左衽短襦，腳穿胡靴。雙手持手簧琴。左腳抬起，似乎隨音樂起舞。全器有一些黃土沁。

| 高：12.0 ㎝ ，寬：5.5 ㎝ ，厚：2.5 ㎝ |

唐至五代白玉舞樂俑持橫笛雕像

　　白玉雕成的舞樂俑，面貌端正。頭髮中分向後束，頭髮正上方繫一髮髻。身著短襦，腳穿胡靴。雙手持橫笛。左腳抬起，似乎是隨音樂起舞。全器有土沁。

| 高：11.0 ㎝ ，寬：5.0 ㎝ ，厚：2.5 ㎝ |

唐至五代白玉舞樂俑持鑼雕像

　　白玉雕成的舞樂俑，面貌俊秀，頭髮中分向後束，頭髮正上方繫一髮髻。身著短襦左衽，腳穿胡靴。右手持鑼，左手高高舉起敲擊棒，正在敲鑼，顯然敲鑼者是位左撇子。左腳抬起，似是隨著音樂起舞。全器有土沁。

|高：12.5 cm ，寬：3.5 cm ，厚：2.5 cm|

唐至五代白玉舞樂俑持腰鼓雕像

　　由玉雕成的舞樂俑，面容端正，頭髮中分向後束，頭髮正上方繫一髮髻。身穿短襦右
衽，腳穿胡靴。雙手持敲擊棒，正在擊打腰鼓。左腳抬起，似是隨音樂起舞，全器有土
沁。

.｜高：11.0 cm，寬：4.5 cm，厚：2.5 cm｜

唐白玉舞人健舞雕像

　　大件舞人，面貌清秀，頭髮自然往兩側垂下，頭上繫一髮髻。身穿左衽衣服，腳穿胡靴。右腳著地微微彎曲。左腳彎曲抬起。右手衣袖往左方甩，左手衣袖往後右方揮動，正在演健舞。全器有明顯黃土沁。

　　小件舞人，正演健舞，舞姿與大件舞人一般美妙。全器亦有黃土沁。

大件｜高：20.5 ㎝ ，寬：8.0 ㎝ ，厚：3.5 ㎝｜

小件｜高：8.5 ㎝ ，寬：4.5 ㎝ ，厚：1.5 ㎝｜

隋至唐初灰白玉一對舞女雕像

　　一對舞女，兩人左右動作對稱。高挺的身材，曼妙的舞姿。上身長袖，且袖口寬大。
長裙及地，其上有平行陰刻線條。衣服上有雲紋，顯然仍留有少許的漢代紋飾遺風。全器
有些黃土沁。

隋初唐灰玉舞女雕像

　　灰玉雕一舞女，面貌姣好，身穿舞衣左衽長袖，袖口寬大，衣服上飾有雲紋，長袖寬袖部分及長裙下擺處，刻飾有長條紋。舞女隨著音樂起舞，揮擺衣袖，彎腰扭臀，充滿了動感。全器有黃土沁。

| 高：21.0 ㎝ ，寬：15.0 ㎝ ，厚：1.8 ㎝ |

唐至五代白玉坐於馬上的手鼓俑

　　白玉雕一樂俑，愉悅的面孔，身穿對襟長袍。雙手持手鼓，側坐在一匹馬背上。馬身高大，安靜站在一長方形台座上。全器有黃土沁。

| 高：18.0 cm ，寬：16.0 cm ，厚：5.0 cm |

唐白玉馬上坐俑手持樂器

　　白玉雕一樂俑，面容俊秀，身穿對襟長袍。雙手持樂器。側坐在一匹馬背上。馬身雄偉，張口露牙，平靜地站在一長方形台座上。全器有黃土沁。

| 高：18.5 ㎝ ，寬：16.0 ㎝ ，厚：5.0 ㎝ |

唐白玉馬上坐俑手持琵琶

　　白玉雕一樂俑，面貌俊俏。身穿對襟長袍。雙手捧拿著琵琶，側坐在一匹馬背上。馬高雄健，張口露牙，安靜地站在一張長方形的座上。全器有黃土沁。

| 高：17.0 ㎝ ，寬：15.0 ㎝ ，厚：5.0 ㎝ |

唐白玉馬上坐俑手持牛角號角

　　白玉雕一樂俑，面容俊秀，身穿對襟長袍。雙手持牛角號角，側坐在馬背上。馬高雄壯，張口露牙，馴服地站在一長方形的台座上。全器有黃土沁。

| 高：18.0 cm ，寬：16.0 cm ，厚：5.5 cm |

唐白玉持手鼓樂俑

白玉雕一樂俑，面貌端正，頭戴平巾幘，身穿對襟長袍，右衽，緊袖，腰繫一帶，其
兩端垂至腹前及腿際。左手捧著手鼓，右手持鼓錘，似乎正在演奏。全器有黃土沁。

唐白玉持鈸樂俑

　　白玉雕一樂俑，容貌俊俏，頭戴平巾幘，身穿對襟長袍，緊袖，腰繫一帶，其兩端垂至腹前及腿際。雙手持鈸，正在演奏。全器有黃土沁。

| 高：15.0 ㎝ ，寬：5.0 ㎝ ，厚：4.0 ㎝ |

唐白玉持銅鑼樂俑

　　白玉雕一樂俑，面容愉悦，頭戴平巾幘，身穿對襟長袍，右衽，腰繫一帶，其兩端垂至腹前及腿際。右手持銅鑼，左手拿敲擊棒，應是一左撇子。全器有黃土沁。

| 高：15.0 cm ，寬：5.5 cm ，厚：4.5 cm |

唐白玉持琵琶樂俑

　　白玉雕一樂俑，面容豐腴，頭戴平巾幘，身穿對襟長袍，腰繫一帶，其兩端垂至腹前
及腿際。左手扶住琵琶，右手撥動其弦。全器有黃土沁。

唐白玉持簫樂俑

　　白玉雕一樂俑，容貌俊秀，頭戴平巾幘，身穿對襟長袍，右衽，腰繫一帶，帶的兩端並排垂至腹前及腿際。雙手持簫，左手在下，右手在上，正在吹演。全器有黃土沁。

| 高：15.0 cm，寬：5.0 cm，厚：4.0 cm |

唐白玉持排簫樂俑

　　白玉雕一樂俑，面形豐潤，頭戴平巾幘，身穿對襟長袍，腰繫一帶，帶的兩端並排一長一短垂至腹前及腿際。雙手持排簫。全器有黃土沁。

| 高：15.0 ㎝ ，寬：5.0 ㎝ ，厚：4.0 ㎝ |

唐白玉胡人腳踩獸類手持琵琶雕像

　　白玉雕一胡人，面貌平和，頭戴胡帽，身穿緊袖短襦，左衽，長褲和靴。雙手持琵琶。右腳踩獸類的尾部，左腳踏住其頭。全器微微有黃土沁。

| 高：13.0 cm ，寬：5.5 cm ，厚：2.5 cm |

唐青玉仿戰國裙袖鏤空舞女雕像

　　青玉雕一舞女，面貌清秀，頭戴一圓形帽，身著寬袖，右衽衫裙。右手高舉，寬袖的部份以及裙襬下方，以仿戰國鏤空的方式雕成鳳鳥紋。左手彎曲向前。雕像的背部上方，以淺浮雕方式雕成龍紋，下方雕鳳鳥紋。全器有輕微的沁色。

| 高：42.0 ㎝ ，寬：13.0 ㎝ ，厚：5.0 ㎝ |

唐白玉胡人腳踩獸類手持銅鑼雕像

　　白玉雕一胡人，面貌端正，頭戴胡帽，身穿緊袖短襦，左衽，長褲和靴。左手持鑼，右手拿敲擊棒。右腳踩獸類的尾部，左腳踏住其頭。全器微微有黃土沁。

| 高：13.0 ㎝ ，寬：5.5 ㎝ ，厚：2.5 ㎝ |

唐白玉胡人腳踏獸類手持橫笛雕像

　　白玉雕一胡人，面貌清秀，頭戴胡帽，身穿緊袖短襦，長褲和靴。雙手持橫笛，一副正在演奏的樣子。右腳踩獸類的尾部，左腳踏住其頭。全器微微有黃土沁。

| 高：13.0 cm ，寬：5.5 cm ，厚：2.5 cm |

唐白玉胡人腳踏獸類手持排簫雕像

　　白玉雕一胡人，面貌俊秀，頭戴胡帽，身穿緊袖短襦，長褲和靴。雙手持排簫。右腳
踩獸類的尾部，左腳踏住其頭。全器有黃土沁。

| 高：13.0 ㎝ ，寬：5.5 ㎝ ，厚：2.5 ㎝ |

唐白玉胡人腳踏獸類手持洞簫雕像

白玉雕一胡人，面貌俊俏，頭戴胡帽，身穿緊袖短襦，長褲和靴。雙手持洞簫。右腳踩獸類的尾部，左腳踏住其頭。全器有黃土沁。

| 高：13.0 cm ，寬：5.5 cm ，厚：2.5 cm |

唐至五代白玉拉胡琴樂俑雕像

　　直立的樂俑，秀麗的臉形，頭上戴雙髻，身穿圓領，緊袖長袍，腰上繫一帶，帶的兩端平行垂至腹前及腿際。左手拿胡琴，右手拿琴弓，正在演奏。玉質光潤，全器略有黃土沁。

| 高：14.0 cm ，寬：4.0 cm ，厚：2.5 cm |

唐至五代白玉吹簫樂俑雕像

　　以白玉雕成的直立樂俑，臉形端莊，頭上戴雙髻，身穿圓領，緊袖長袍，腰繫一帶，帶的兩端並排垂至腹前及腿際。雙手拿著洞簫，正在吹奏。玉質潔白光滑，全器略有黃土沁。

| 高：14.0 ㎝ ，寬：4.0 ㎝ ，厚：2.5 ㎝ |

唐至五代白玉彈琵琶樂俑雕像

　　以白玉雕成的直立樂俑，秀雅的臉形，頭上戴雙髻，身穿圓領，緊袖長袍，腰上繫一帶，帶的兩端平行垂至腹前及腿際。雙手執拿琵琶，一副彈奏狀。玉質白潔光亮，全器略有黃土沁。

| 高：14.0 cm ，寬：4.0 cm ，厚：2.5 cm |

唐至五代白玉持手風琴樂俑雕像

　　以白玉雕一直立樂俑，清秀的臉龐，頭上戴雙髻。身穿圓領，緊袖長袍，腰繫一帶，帶的兩端並排垂至腹前及腿際。雙手彎曲於腹前，持拿手風琴。全器玉質光亮，略有黃土沁。

唐至五代白玉吹笙樂俑雕像

　　白玉雕一直立樂俑，面容秀麗，頭上戴雙髻假髮髻。身穿圓領緊袖長袍，腰繫一帶，帶的兩端並排垂至腹前及腿際。雙手彎曲於腹前，捧持一笙，正在吹奏。全器玉質白潤，略有黃土沁。

| 高：14.0 cm，寬：4.0 cm，厚：2.5 cm |

唐五代地方玉手鼓樂俑

以地方玉雕成的樂俑,臉型端正,頭髮中分,向兩邊及往後束,髮上戴一假髮髻。身穿寬袖袍衫,席地而坐。雙手持手鼓,正在演奏狀。全器有黃土沁。

| 高:9.5 ㎝ ,寬:7.5 ㎝ ,厚:3.0 ㎝ |

唐至五代地方玉手鼓樂俑

　　以地方玉雕成的樂俑，面貌端正，頭髮中分，向兩邊及往後束，髮上戴一假髮髻。身
穿寬袖袍衫，席地而坐。雙手持一樂器，正在吹奏。全器有黃土沁。

| 高：9.5 cm ，寬：7.5 cm ，厚：3.0 cm |

唐至五代地方玉吹排簫樂俑

　　以地方玉雕成的坐姿樂俑，容貌端正，頭髮中分，向兩邊及往後束，髮上戴一假髮髻。身穿寬袖袍衫，席地而坐。雙手持排簫，正在吹奏。全器有黃土沁。

唐至五代地方玉彈琵琶樂俑

以地方玉雕成的坐姿樂俑，臉形端正，頭髮中分，分向兩邊及往後束，頭髮上戴雙髻
的髮髻，身穿寬袖袍衫，席地而坐，雙手持琵琶，一副演奏狀。全器有黃土沁。

唐至五代地方玉吹嗩吶樂俑

以地方玉雕成的坐姿樂俑，臉部豐潤，頭髮中分，向兩邊及往後束，頭髮上戴雙髻的髮髻。身穿寬袖袍衫，席地而坐。雙手持嗩吶，正在吹奏。全器有黃土沁。

唐至五代地方玉樂俑

　　以地方玉雕成的樂俑，臉形端正，頭髮中分向兩邊及往後束，髮上戴一假髮髻。身穿
寬袖袍衫，席地而坐。雙手持一樂器，一副正在吹奏的樣子。全器有黃土沁。

| 高：9.5 cm ，寬：7.5 cm ，厚：3.0 cm |

唐至五代地方玉樂俑

以地方玉雕成的坐姿樂俑，臉形端正，頭髮中分向兩邊及往後束，髮上戴一假髮髻。

身穿寬袖袍衫，席地而坐。雙手持一樂器，一副正在吹奏的模樣。全器有黃土沁。

唐至五代地方玉吹洞簫樂俑

　　以地方玉雕成的坐姿樂俑，臉形豐潤，頭髮中分向後束，髮上戴一髮髻。身穿寬袖袍衫，席地而坐。雙手持洞簫，一副正在吹奏的模樣。全器有黃土沁。

| 高：9.5 ㎝　，寬：7.5 ㎝　，厚：2.5 ㎝ |

唐白玉持手鼓樂俑

　　由白玉雕成的一樂俑，臉龐端正，頭戴尖形胡帽，身穿寬袖短襦，長褲，雙腳跪地。
右手抱持一手鼓，左手拍打，一副表演的模樣。玉質光亮滑潤。全器有土沁。

| 高：7.0 ㎝ ，寬：3.0 ㎝ ，厚：2.2 ㎝ |

唐白玉持排簫樂俑

　　以白玉雕成的一樂俑，臉形豐腴，頭戴尖形胡帽，身穿寬袖短襦，長褲，雙腳跪地。雙手持一排簫。玉質光滑圓潤。全器有土沁。

| 高：8.5 cm ，寬：4.5 cm ，厚：2.5 cm |

唐白玉持琵琶樂俑

由白玉雕成的一樂俑，俊俏的臉部。頭戴胡帽，身穿寬袖短襦，長褲。雙腳跪地，雙手持一琵琶，玉質光潤。全器有土沁。

| 高：9.0 ㎝ ，寬：4.5 ㎝ ，厚：3.0 ㎝ |

唐青玉持樂器胡人雕像

　　以青玉雕一胡人，方臉，唇上、嘴下滿是鬍子。戴一胡帽。雙手持一樂器。左腳半
蹲，右腳跪地，似是正在演奏中。全器有土沁。

| 高：8.0 ㎝ ，寬：2.0 ㎝ ，厚：1.5 ㎝ |

唐白玉雙舞人雕像

　　以白玉雕雙舞人，一舞人面形端莊，頭戴胡帽，身穿寬口長袍衫，左衽。另一舞人在其左下方，由於視角影像重疊，所以只用一些片狀彎曲平行線條作為交待。全器有黃土沁。

| 高：9.0 ㎝ ，寬：4.5 ㎝ ，厚：1.0 ㎝ |

唐青白玉舞女雕像

　　由青白玉雕成的一舞女，面像端莊，身著長袖，右衽短襦。左手高舉過肩，右手彎向左方腰際。雙腳微微彎曲，一副隨著音樂起舞的模樣。全器有黃土沁。

| 高：10.0 ㎝ ，寬：3.5 ㎝ ，厚：2.0 ㎝ |

唐白玉雙舞女雕像

　　以白玉雕成的雙舞女，兩人的動作舞姿對稱。舞女面貌姣好，胸部豐滿。右方舞女，左手高舉過頭，其袖口與左方舞女的袖口相觸，另一袖子的袖口亦然。兩者的臀部亦相碰於中線。雕刻者以對稱、鏤空的手法來處理本器，多少呈現出遼金玉雕的遺風。全器有黃土沁。

| 高：7.5 cm，寬：5.0 cm，厚：1.0 cm |

玉牌、玉珮

　　本項中之唐白玉玉牌（玉珮），其中有一些是刻飾一面，另一面也刻飾或未刻飾。同樣有一些，一面雕刻圖樣，另一面以剔地凸起刻飾小篆如「一生平安」、「萬歲千秋」、「長宜子孫」、「福祉盈門」、「五世其昌」、「錦繡前程」、「永壽康寧」、「天下太平」、「天下盛世」等吉祥語，也出現有「大唐開元」紀年詞，由此可知這些玉牌（玉珮）是在唐代開元時期（公元1156年至公元1199年）所雕刻。玉牌上的雕刻圖樣與四字小篆的吉祥語互相搭配，圖文並茂，相得益彰。

　　唐玄宗李隆基掌握了政權之後，年號「開元」，所謂「開元之治」或說「開元盛世」是歷史學家對唐玄宗治理國家前期的讚美詞。唐代在最強盛時期其疆域，東到大海，西至鹹海，東北達到外興安嶺、庫頁島，北至蒙古，西北到中亞一帶，南到南海，可謂領土遼闊，與邊陲各小國來往密切。許多現象也都反應在玉雕的圖與文上。

　　本項中有二十面的白玉鎏金玉牌，在紋飾上有國王面像、龍紋、鳳紋、武士紋、舞女紋、麒麟紋等。紋飾上的整體佈局相當講究。淺浮雕的工藝技術也很精美。玉牌上的一面有紋飾，另一面則為素面，只有鎏金。玉牌上方有一小圓孔，可以穿繩作為珮來使用。

　　玉牌中的國王，腳上穿尖頭胡靴，國王身後飾阿拉伯拱門風格的背光，紋飾中西域風格的迦樓羅鳥神……等等，應該與西域某國家有著密切的關聯性。

　　這些金牌的鎏金技術也是相當高超，歷經千年之久，金色猶在，閃亮如昔。

唐白玉鎏金國王面像紋長方形玉牌

　　由白玉雕成的長方形玉牌，全器鎏金，正面環邊飾有回紋。玉牌中以淺浮雕刻出一西
域方國的國王面像，身穿披肩錦服，身後頭部飾有圓形背光，其上有龍鱗紋與雲紋。國王
腳上穿尖頭胡靴。全器有沁色。

唐白玉鎏金卷尾龍紋長方形玉牌

由白玉雕成的長方形玉牌，全器鎏金，正面環邊飾有回紋。玉牌中以淺浮雕刻出一站立微曲卷尾龍，龍口大張，整體身軀靈動，如行雲流水。全器有明顯沁色。

唐白玉鎏金升龍紋長方形玉牌

　　用白玉雕成的長方形玉牌，全器鎏金，正面環邊飾有回紋。玉牌中的浮雕刻出一夾尾升龍，生動活潑，龍口微張，牙齒露出。方形格外，上下獸面紋。緊鄰方格，雕刻壓地隱起雲紋。全器有明顯沁色。

唐白玉鎏金坐龍紋長方形玉牌

　　以白玉雕成的長方形玉牌，全器鎏金，正面環邊飾有回紋。玉牌中為圓形坐龍身軀，夾尾向上，此為唐代雕龍的特徵。圓形外部刻有淺浮雕龍鳳紋，全器有沁色。

唐白玉鎏金降龍紋長方形玉牌

　　由白玉雕成的長方形玉牌，全器鎏金，正面環邊飾有回紋。玉牌中為圓形降龍
首，嘴部大開，伸出長舌。圓形外刻有淺浮雕龍鳳紋。全器有沁色。

唐白玉鎏金麒麟龍紋長方形玉牌

　　用白玉雕成的長方形玉牌，全器鎏金，正面環邊飾有回紋。玉牌中的方格內為麒麟坐龍，單角長舌，龍鱗、鳥翼、獅尾。方形格外，上下對稱，雕有獸面紋，其兩眼中間為大火心宿二的星相刻紋。全器有明顯沁色。

| 長：8.9 cm　，寬：5.8 cm　，厚：0.6 cm |

唐白玉鎏金立鳳紋長方形玉牌

　　由白玉雕成的長方形玉牌，全器鎏金，正面環邊飾有回紋。玉牌中方格內雕飾展翅立鳳，尾羽向上，展現華麗之姿。方格外，雕有上下對稱西域風格的迦樓羅鳥神。全器有沁

唐白玉鎏金帶二冠羽立鳳紋長方形玉牌

　　本件長方形玉牌由白玉以淺浮雕方式刻飾，全器鎏金，正面環邊飾有回紋。玉牌中方格內飾正面展翅立鳳，鳥首尖嘴，頭上戴有二冠羽如獸鬃。方形格外雕有上下對稱的西域風格的迦樓羅鳥神。全器沁色明顯。

唐白玉鎏金持長棍武士紋長方形玉牌

　　長方形玉牌用白玉以淺浮雕方式刻飾，全器鎏金，正面環邊飾有雲龍紋。玉牌中橢圓形內飾一武士雕像，頭髮向上伸張，手持長棍，身穿右衽長衫。手上戴臂環及手環，腳上有腳環。橢圓形外，雕有六隻手持兵器靈獸。全器有沁色。

唐白玉鎏金蛇繞武士紋長方形玉牌

　　由白玉以淺浮雕方式刻成的長方形玉牌，全器鎏金，正面環邊飾有雲龍紋。玉牌中橢圓形內飾一武士雕像，頭髮向上伸張，手持長棍，身上一條長蛇纏繞，腳上有腳環。橢圓形外雕有六隻手持兵器靈獸。全器有明顯沁色。

唐白玉鎏金射箭武士紋長方形玉牌

　　長方形玉牌，用白玉以淺浮雕方式刻飾。全器鎏金，正面環邊飾有雲龍紋。玉牌中橢圓形內飾一射箭武士像，頭髮向後梳，手上戴有手環，腳上戴有腳環。橢圓形外，雕有六隻手持兵器神獸。全器沁色明顯。

唐白玉鎏金裸胸武士紋長方形玉牌

　　用白玉以淺浮雕方式刻成的長方形玉牌，全器鎏金，正面環邊飾有雲龍紋。玉牌中橢圓形內飾一持斧武士像，頭髮向後伸張，上身裸露著裙。手戴手環，腳戴腳環。橢圓形外，雕有六隻手持兵器神獸。全器有明顯沁色。

唐白玉鎏金盤髮舞女紋長方形玉牌

長方形玉牌用白玉以淺浮雕方式刻飾。全器鎏金，正面環邊飾有山形紋。玉牌中長方格內飾一盤髮舞女，披肩，身著長衫短裙。長方格外雕有上下對稱的舞女背影。全器沁色

唐白玉鎏金持斧著冠武士紋長方形玉牌

　　用白玉以淺浮雕方式刻成的長方形玉牌，全器鎏金，正面環邊飾有雲龍紋。玉牌中橢圓形內飾以持斧披帛著冠武士像，腳穿尖角靴，手上戴有手環，腳上有腳環，身穿長褲。橢圓形外雕有六隻手持兵器靈獸。全器有明顯沁色。

唐白玉鎏金舞女紋長方形玉牌

　　長方形玉牌，用白玉以淺浮雕方式刻飾。全器鎏金，正面環邊飾有山形紋
方格內飾舞女，頭髮向上伸張，身著長衫長裙，雙袖飛逸，舞姿靈動。長方形
下對稱的舞女背影。全器有沁色。

唐白玉鎏金垂髮舞女紋長方形玉牌

　　用白玉以淺浮雕方式刻成的長方形玉牌，全器鎏金，正面環邊飾有山形紋。玉牌中長方格內飾一舞女，仰頭垂髮，身穿披肩長衫長裙，雙袖飄逸，舞姿曼妙。長方格外，雕有上下對稱的舞女背影。全器沁色明顯。

唐白玉鎏金展翅飛鳳紋長方形玉牌

長方形白玉牌用淺浮雕方式刻飾，全器鎏金，正面環邊飾有回紋。玉牌中長方格內，
雕展翅飛鳳，姿態美妙。長方格外，雕有上下對稱的西域風格的迦樓羅鳥神。全器有沁

唐白玉鎏金麒麟紋長方形玉牌

　　長方形玉牌以淺浮雕方式刻飾，全器鎏金，正面環邊飾有回紋。玉牌中方格內，雕一
夾尾麒麟，頭上鹿角，身上龍鱗，飛翼、鳥爪、長尾。方形格外飾上下對稱之獸面紋。全

唐白玉力士圖玉珮

　　白玉牌長方形玉珮，以淺浮雕的方式，在其中一面上刻飾一力士，頭戴尖帽，胖面，
胸肌發達，雙手孔武有力的樣子。圍一短裙，腳穿尖頭胡靴。另一面並未刻飾，全器有明
顯黃土沁。

唐白玉仙人圖玉珮

　　白玉牌長方形玉珮，以淺浮雕的方式，在其中一面上刻飾一仙人側坐在一巨大鳳鳥身

上，雙手持一樂器正在演奏。另一面並未刻飾，全器略有黃土沁。

唐白玉仙人圖玉珮

　　白玉牌長方形玉珮，以淺浮雕的方式，在其中一面上刻飾一仙人，頭上頭髮形成一撮
向上揚起。左手捧著一圓球狀寶物或珍菓。右手執一兵刃。仙人盤坐在一螭龍身上。玉珮
的另一面未刻飾，全器有明顯黃土沁。

唐白玉螭龍紋玉珮另一面「一生平安」紋

　　白玉牌長方形玉珮，以淺浮雕的方式，在其中一面上刻飾一螭龍，旋轉彎曲，頭尾相

應。另一面刻飾小篆「一生平安」四字，刻工美觀細緻。全器略有黃土沁。

唐白玉龍鳳雙人交配紋玉珮另一面「萬歲千秋」紋

　　白玉牌長方形玉珮，以淺浮雕的方式，在其中一面上刻飾一對交配中的男女，其兩旁則為龍與鳳。另一面則刻飾小篆體「萬歲千秋」四字。紋飾兩面前後對應，圖文並茂，相益得彰。全器略有黃土沁。

唐白玉飛天紋玉珮另一面「福祉盈門」紋

　　白玉牌長方形玉珮，以淺浮雕的方式，在其中一面上刻飾一飛天，頭上戴三個球形狀假髮髻。身披天衣，雙手捧一圓球狀珍寶或珍菓。玉珮的另一面，則刻飾小篆「福祉盈門」四字，相當精緻。全器有明顯黃土沁。

| 高：6.0 ㎝ ，寬：4.2 ㎝ ，厚：0.6 ㎝ |

唐白玉熊與龍鳳紋玉珮另一面「五世其昌」紋

　　白玉牌長方形玉珮，以淺浮雕的方式，在其中一面上刻飾一熊以及龍與鳳。熊，昂首直立，二前肢前後擺動，一副神氣十足的模樣。玉珮的另一面，則刻飾小篆「五世其昌」四字，刻工細緻。全器略有黃土沁。

| 高：6.0 cm，寬：4.2 cm，厚：0.6 cm |

唐白玉雙螭龍紋玉珮另一面「錦繡前程」紋

白玉牌長方形玉珮，以淺浮雕的方式，在其中一面上刻飾雙螭龍，龍頭相接近似在互
動狀態中。玉珮的另一面則刻飾小篆「錦繡前程」四字，刻工優美。全器有黃土沁。

唐白玉仙人坐龜彈琴玉珮另一面：龍鳳圖像

　　白玉牌長方形玉珮，以淺浮雕的方式，在其中一面上刻飾一仙人跪坐於一巨龜上，仙人膝上置一琴，雙手正在彈奏。玉珮的另一面，則刻飾有龍鳳紋，構圖活潑靈動。全器略有黃土沁。

| 高：6.0 ㎝，寬：4.2 ㎝，厚：0.6 ㎝ |

唐白玉雙螭龍紋玉珮另一面「永壽康寧」紋

　　白玉牌長方形玉珮，以淺浮雕的方式，在其中一面上刻飾雙螭龍。一龍的龍紋在中央偏右的位置，朝向左方。另一龍的龍頭在左上角的位置，且朝向中央，二龍似為互動動作狀態中。玉珮的另一面，則刻飾小篆「永壽康寧」四字，刻工優美。全器略有黃土沁。

| 高：6.0 ㎝ ，寬：4.2 ㎝ ，厚：0.6 ㎝ |

唐白玉彈琵琶飛天玉珮另一面「天下太平」紋

　　白玉牌長方形玉珮，以淺浮雕的方式，在其中一面上刻飾一飛天，面容雅秀，頭上繫一圓形髮髻。雙手持一琵琶，正在彈奏。另一面則刻飾小篆「天下太平」四字，刻工相當細緻美觀。全器略有黃土沁。

高：6.0 cm ，寬：4.2 cm ，厚：0.6 cm

唐白玉神與北龜紋玉珮另一面「大唐開元」紋

　　白玉牌長方形玉珮，以淺浮雕的方式，在其中一面上刻飾一神，頭上頭髮形成一撮且向上揚起。身穿短袖左衽長襦衫。雙手插腰，雙腳踏在一大龜上。另一面則刻飾小篆「大唐開元」四字，刻工細緻優美。全器略有黃土沁。

| 高：6.0 cm，寬：4.2 cm，厚：0.6 cm |

| 高：6.0 ㎝，寬：4.2 ㎝，厚：0.6 ㎝ |

唐白玉「神與南鳳」紋玉珮另一面「太平盛世」紋

　　白玉牌長方形玉珮，以淺浮雕的方式，在其中一面上刻飾一神，三撮頭髮朝上揚起。盤腿而坐，腿上放一古箏，正在彈奏。其右側一隻圓眼張嘴的鳳鳥。另一面刻飾小篆「太平盛世」四字，字體優美。全器略有黃土沁。

| 高：6.0 ㎝，寬：4.2 ㎝，厚：0.6 ㎝ |

唐白玉「神與西虎」紋玉珮另一面「太平盛世」紋

白玉牌長方形玉珮，以淺浮雕的方式，在其中一面上刻飾一神，頭戴胡帽，身穿短
襦，腰繫一帶。右手彎曲向上捧起一圓盆，盆內裝有寶物或珍果類的東西。左側刻飾有一
虎，睜大眼張口露牙，一副威猛的模樣。另一面則刻飾小篆「太平盛世」四字，字體優
美。全器略有黃土沁。

唐白玉「神與東龍」紋玉珮另一面「大唐開元」紋

　　白玉牌長方形玉珮，以淺浮雕的方式，在其中一面上刻飾一神，頭戴胡帽，身穿右襟左衽短襦，腰繫一帶，下身長褲。雙手各執一短兵刃，跨坐在一昂首龍身上。另一面則刻飾小篆「大唐開元」四字，刻工優美細緻。全器略有黃土沁。

唐白玉胡人獻寶玉珮

　　以白玉雕成的半橢圓形珮，外圍繞以卷雲紋，內部刻飾一胡人，右腳跪地，左腳彎曲立於地上。右手橫放於腹前，左手托著獻寶之物。玉質光滑圓潤，全器略有黃土沁。

| 高：5.0 cm ，寬：4.0 cm ，厚：1.8 cm |

唐青白玉胡人獻寶玉珮

　　由青白玉雕成的半橢圓形珮，其上刻飾一胡人，右腳跪地，左腳彎曲立於地上。手執
獻寶之物。玉質光潤，全器黃土沁明顯。

雜項：包括玉梳、玉珮及其他

唐代的玉梳梳背，呈半橢圓形，而在唐代之前的朝代所使用的玉梳梳背是方方正正的。顯然在美學上，唐代的玉梳較為雅緻，在使用上，應該也較順手實用。

本項中唐白玉牡丹花紋玉梳背（長8.3cm），只剩玉梳背而不見玉梳齒，顯然此玉梳齒所使用的材質並非玉質，而是其他材質，經過了漫長的歲月，已經腐朽或脫落，所以才會只剩玉梳背。玉梳齒如也採用玉質材料，玉匠就會將玉梳背與玉梳齒連在一起雕刻，如本項中其他的玉梳。

本項中灰白玉蹲馬雕像（長26.0cm）整體的造型、線條、肌肉表現，刻劃入微，是難得的作品。

青玉水銀沁纏枝菊紋飾（寬15.0cm），鉢內淘空，外雕淺浮雕紋飾，作工相當精細，整體而言是件很典雅迷人的藝術品。

白玉「唐玄宗印」印文熊鈕玉印，玉質與雕工都是上乘之作。

青玉「帝雁」印，麒麟龍形雕像，雖是靜態麒麟，仍具大器之勢。

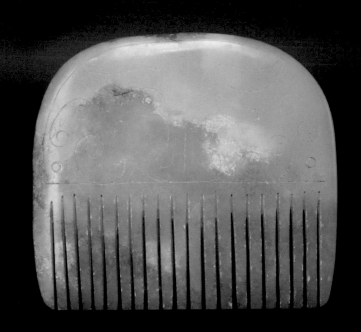

唐白玉獸面紋梳子

　　由白玉雕成的梳子，在半橢圓形的梳背上，以陰刻的方式，刻了獸面紋及卷雲紋。顯然這種紋飾仍受漢代遺風的影響，所以這件玉梳應是屬於唐代早期的作品。至於半橢圓形的梳背型制，比起唐代更早期的朝代，那種方方正正的玉梳背，顯然在美學上及實用上，應該更為雅緻及順手。全器有黃土沁。

| 高：9.0 cm ，寬：8.0 cm ，厚：0.5 cm |

唐青白玉鴛鴦紋玉梳子

　　由青白玉雕成的玉梳，有二十條長牙狀梳齒，其上的玉梳背，為半圓弧形框框，內飾有陰刻二同形相向鴛鴦，似在喁喁私語，情同意合，不在話下。全器微有黃土沁。

| 長：14.0 ㎝ ，寬：8.0 ㎝ ，厚：0.8 ㎝ |

唐白玉牡丹花紋玉梳背

　　以白玉雕成的玉梳背，成圓弧長條形，其上用淺浮雕的方式飾有牡丹花紋，兩朵盛開的牡丹花，旁邊以枝葉襯托。玉梳齒部份由於材質因素，應已腐壞或脫落，所以僅剩玉梳背。全器有黃土沁。

　| 長：8.3 cm，寬：3.0 cm，厚：0.5 cm |

唐青玉雙舞人紋玉梳

　　由青玉雕成的玉梳，有十四條長牙狀梳齒，其上的玉梳，為一拱形架框，內飾有二舞人，其中左邊的一位右襟左衽，右邊的一位左襟右衽，兩人皆揮舞著長袖，以對稱形的形態翩翩起舞。全器有明顯黃土沁。

| 高：9.5 cm ，寬：9.0 cm ，厚：0.4 cm |

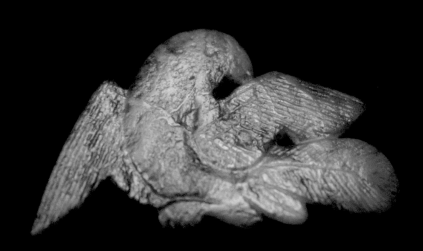

唐白玉鳥雕像

　　白玉雕一鳥形珮，鳥是在棲止狀態，正以其喙來清潔自身翅膀上的羽毛，整個情景祥
和自然。此珮有明顯的黃土沁。

| 高：6.0 cm ，寬：3.5 cm ，厚：0.5 cm |

唐灰白玉蹲馬雕像

　　由灰白玉雕成的蹲馬，姿勢低低的與底座連在一起。馬頸長長地伸向前方，雙眼大睜，嘴巴張開，露出兩排大大的牙齒。四肢蹲著，身上的肌肉，清楚地一塊塊顯現。腹部的肋骨清楚地露出。長尾微微彎曲與底座相連。馬鬃一束束服貼地覆在馬頭上，全器黃土沁明顯。唐人愛馬，因此對馬的觀察精闢入微，才能有此靈活靈現，生動微妙的玉雕精品傑作，當然，玉工高超的雕刻技術也是不可或缺的。

| 長：26.0 ㎝ ，寬：9.0 ㎝ ，厚：8.0 ㎝ |

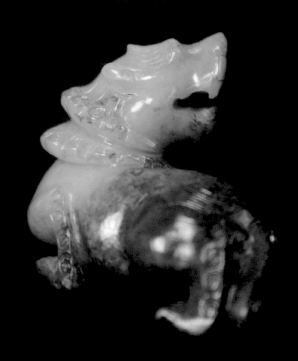

唐黃玉獅子雕像

　　以黃玉雕一獅子，仰頭，頸部旋轉向右，睜大眼，張盆口，似乎在咆哮。兩圈團團的獅毛圍在頸際。玉質光亮油潤，土沁明顯，尤以後肢及尾部為甚。

| 高：8.5 cm ，寬：5.5 cm ，厚：6.0 cm |

唐宋青白玉鵝珮

　　以青白玉雕一鵝珮。鵝，尖長嘴，長頸，雙翼緊貼身軀，以陰刻方式，刻出層層疊疊的片狀鵝毛。尾部雕出數支長長的鵝毛，並以細線條刻出羽毛，相當生動、寫實。珮是佩帶的飾物，戴在頭上、頸間或腰間的裝飾品。此珮略有黃土沁

唐青玉小銀沁纏枝菊紋鉢

由青玉雕成的鉢，圓口、直頸、斜肩、鼓腹、平底。外表雕有二層紋飾，以淺浮雕方
式呈現。在斜肩上的是蓮瓣紋，器腹上雕有纏枝菊花紋。整體造形與紋飾皆很典雅。全器
有水銀沁。

| 高：7.0 ㎝ ，寬：15.0 ㎝ ，厚：15.0 ㎝ |

唐白玉「唐玄宗印」熊紐玉印

　　由白玉雕成的玉印，在立方體上飾一熊，即印紐。立方體的上部，有一小斜坡，每一斜坡，以陰刻的方式，刻了上下倒置的九個三角形（上四下五），三角形內，刻了數條平行紋。熊，立於小斜坡上方的平台上，頭、眼向右前方直視，前肢跪姿，後肢半蹲，一副安逸平和的模樣。印文，以小篆陽刻「唐玄宗印」四字。玉質潔白光亮，微微有黃土沁。

唐青玉「帝雁」印麒麟龍形雕像

　　以青玉雕一長方形印，玉印上一隻坐姿麒麟龍。龍頭。像馬的麒麟身，身上有龍麟。
如牛尾的麒麟尾，而且從腹部卷曲至背後，此為典型的唐代雕刻手法。印文，以淺浮雕方
式刻出小篆「帝雁」二字玉質光潤，有很明顯的水銀沁及土沁。

　| 高：19.0 ㎝ ，寬：12.0 ㎝ ，厚：7.5 ㎝ |

唐青玉胡人舞樂圖組合八加一圓璧

　　以青玉雕成一小圓璧，外部再以八片玉雕，如同拼盤一般圍成大圓璧。小圓璧以舞蹈
為紋飾，其他外圍的八片玉雕，紋飾分別為吹簫、打擊手鼓、吹笙、吹號角、演奏豎箜
篌、吹排簫、敲鑼、彈琵琶。全器有褐色的土沁。

隋至初唐青玉仕女俑雕像

　　青玉雕一立姿仕女，面貌清麗，頭髮向上束，頭上戴一假高髻（又稱危髻）。身穿短袖，十二條紋裙，外加披帛。雙手橫抱於胸前。全器有黃土沁。

| 高：26.5 ㎝，寬：5.5 ㎝，厚：4.5 ㎝ |

隋至初唐青玉持鈸樂俑

　　青玉，雕一立姿樂俑，面容豐潤，頭上戴平幘髻，窄袖圓領袍，短襦，十二破裙。雙手一上一下持鈸，隨著節奏合擊，一副演奏狀。有黃土沁。（十二破裙：又稱十二片裙，或十二條紋裙。）

| 高：24.0 ㎝ ，寬：7.0 ㎝ ，厚：5.5 ㎝ |

隋至唐青玉雙手持容器俑

　　青玉，雕一立姿俑，面容豐潤，頭上一髮髻。窄袖，十二片裙，雙手持一容器。頭部及長衫部分有黃土沁。

| 高：23.5 cm，寬：6.0 cm，厚：5.5 cm |

神明、祖先神雕像

　　此三尊（包括主神及二尊副神）神明雕像，應當是王者或富貴人家所供奉的。由副神上身的右衽緊身小襦及三尊神腳踏方形台座前方所雕獸面紋飾，應可將之歸為漢族人的神明雕像。神明雕像雕工細緻，難得的是主神與二尊副神共三尊同時保存完整。

　　白玉鎏金觀音雕像（高22.0cm），此尊為女性觀音像，初唐時，觀音是以男性形象出現。據說在武則天時期，觀音形象才改為女性的形象出現，只因武則天是女性。觀音佛祖原名為「觀世音菩薩」，唐朝的時候，為了迴避唐太宗李世民的名諱，才省稱「觀音」或「觀音菩薩」。「觀音」二字，有如聽聞世人疾苦而為其解脫。亦即以慈悲之心，來到人間，教化救苦，度一切眾生。

　　鎏金工藝從春秋時期到戰國早期，即已開始發展，但鎏金仍需經複雜的過程才能完成，所以此白玉鎏金雕像，算是難得的作品。

　　白玉人首魚身的雕像，應是顓頊氏族的後代將顓頊視為祖先神的雕像。慎終追遠，不忘祖先，亦是氏族繁衍、傳承永續的一個主要原因。雕像顯然係根據古書《山海經》上的紀錄及傳說來雕刻。

唐青白玉三神明雕像

以青白玉雕成直立的一尊主神明與其旁左右各一尊副神明。面形端莊嚴肅,頭戴高帽。主神明上身穿窄身小襦,下身穿染裙垂髾。副神明亦身穿窄身小襦,下身穿染裙。三神明皆腳踏方形台座,其前方雕有獸面紋及雲紋。同樣,雲紋在三神明的衣飾上亦可看到,顯然仍受漢代遺風影響。三玉器皆有黃土沁。

| 高:31.0 cm ,寬:6.5 cm ,厚:4.0 cm | 副神(2尊)
| 高:26.5 cm ,寬:6.0 cm ,厚:3.5 cm |

唐白玉鎏金觀音雕像

　　白玉雕成的直立觀音像，面容慈祥，頭上髮髻中心處，有一佛像。觀音身穿長袍，長
袍上有三組雙弦紋線，成階梯狀呈弧形下垂，雙手相觸於腹前，全器鎏金。

唐青玉苗族飛天雕像

　　整個玉雕就像一隻展翅的飛鳥。人的面像，鳥翼與人的雙手結合，上有羽毛紋飾與卷雲紋。下肢下蹲，足部有鳥爪，站在如雲的台座上。唐代時，苗族的飛天形象，此為代表作之一。全器有土沁，尤以頭部較為顯著。

| 高：18.5 cm，寬：9.5 cm，厚：3.5 cm |

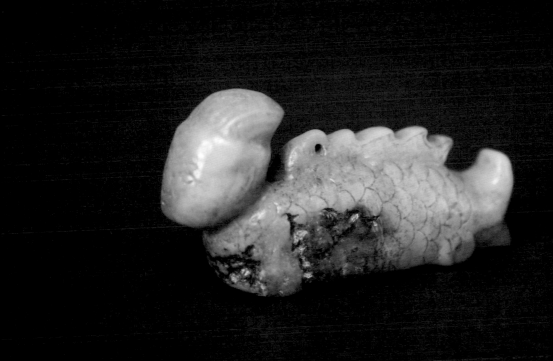

唐白玉人首魚身雕像

　　由白玉雕成的人首魚身雕像，亦即「魚婦」。《山海經》的第十六卷，亦即「大荒西經」中寫到：「有魚偏枯，名為魚婦，顓頊死即復蘇。風到北來，天乃大水泉，蛇乃化為魚，是為魚婦。顓頊死即復蘇。」文中提到的魚婦是一種神魚，是由顓頊所化而來。顓頊死後，轉化為魚婦，即一半為人首，另一半為魚身，所以稱為「魚婦」，其部族以魚當作圖騰，他的後代依然如此行事。顓頊高陽氏，乃五帝之一。本器有黃土沁。

| 高：7.0 ㎝ ，寬：3.5 ㎝ ，厚：2.0 ㎝ |

人物雕像

　　本項目中有唐白玉持璧雕像、持琮雕像、持璜雕像及持圭雕像。在新石器時代的玉製禮器，見者有：「璧、琮、圭、琥、璋、璜」，按「周禮」記述，玉器中的璧禮天，琮禮地，璜禮北。此項中呈現了璧、琮、圭、璜四件，唐代時的祭祠官以跪姿手持玉製禮器在做祭祠的動作。

　　唐青玉持藥罐，著樹葉衣的神農氏雕像（高36.5cm）顯示出神農氏在農、牧業及醫藥的發展，對當時的人們帶來了很大的福祉。神農，帝號魁嵬，生於公元前4783年，17歲時稱帝（公元前4766年），死於公元前4733年。這個氏族一直傳至公元前4513年，軒轅黃帝氏的崛起，才急轉直下。所以神農帝（魁嵬）被稱為三皇中的地皇。本青玉雕像相當高大，身穿樹葉綴拼而成的長袖衫，左手持一藥罐，已將神農皇的貢獻完全顯現在玉雕上。雖是唐代玉雕，時間相距神農氏已是五千多年之久。唐代人或是神農氏的後裔，仍是念茲在心。

唐白玉持璧雕像

以白玉雕一跪姿祭祠官，面容俊秀，頭戴三樑冠，身穿寬袖右衽長袍。雙手共持玉制禮器一璧，以禮天，全器略有黃土沁。

| 高：14.0 ㎝ ，寬：5.5 ㎝ ，厚：5.5 ㎝ |

唐白玉持琮雕像

　　以白玉雕一跪姿祭祠官，面形端正，頭戴三樑冠，身穿寬袖右衽長袍。雙手共持玉制禮器—琮，以禮地，全器略有黃土沁。

| 高：14.0 cm ，寬：5.5 cm ，厚：5.5 cm |

唐白玉持璜雕像

　　由白玉雕成的跪姿祭祠官，容顏端正，頭戴三樑冠，身穿寬袖右衽長袍。雙手共持玉制禮器—璜，以禮北方，全器略有黃土沁。

| 高：14.0 cm ，寬：5.5 cm ，厚：5.5 cm |

唐白玉持圭雕像

　　由白玉雕一跪姿祭祠官，面貌端正，頭戴三樑冠，身穿寬袖，右衽長袍。雙手共持玉制禮器一圭，以禮東方，全器略有黃土沁。

唐白玉戴遠遊冠文官舞人雕像

　　以白玉雕一文官，面貌俊俏。頭戴遠遊冠。左手置於腹前，右手揮至右肩後。左腳彎曲抬起，應是舞蹈狀。全器玉質圓潤，有局部黑色水銀沁。

| 高：5.8 cm ，寬：2.3 cm ，厚：1.5 cm |

唐白玉戴帽人俑雕像

以白玉雕一人俑，一張笑臉，頭戴高高尖尖的帽子。身穿緊袖左襟右衽袍衫，下身呈腰細底粗的螺旋狀。雙手相觸於腹前。玉質光潤，略有黃土沁。

| 高：9.0 ㎝ ，寬：1.8 ㎝ ，厚：1.2 ㎝ |

唐白玉胡人騎馬雕像

　　胡人，面視前方，頭戴胡帽，騎在馬上以手撫著馬頸上的鬃毛。馬匹雄壯，肌肉結實，以靜態姿勢站立在一台座上。玉質光滑，全器有明顯黃土沁。

| 長：7.0 cm，高：5.5 cm，厚：2.8 cm |

唐白玉大食人獻寶雕像

由白玉所雕的大食人，五官分明，下巴蓄著鬍子。身著緊袖衫褲，腳穿尖頭上翹胡靴。雙手置於腹前，合抱一進獻寶物。玉質光潤，全器有輕微的黃土沁。

唐白玉胡人獻寶雕像

　　白玉雕成的胡人像，濃眉大眼，嘴上留著大鬍子。雙手將寶物捧在眼前，一副誠心誠意敬獻的模樣。玉質白潤，略有土沁。

| 高：7.0 ㎝ ，寬：5.0 ㎝ ，厚：1.0 ㎝ |

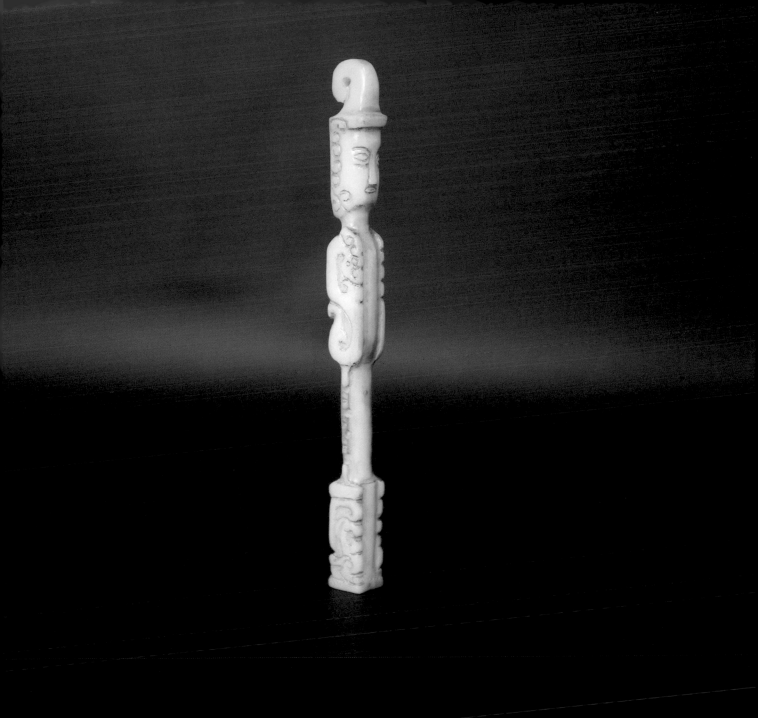

唐白玉胡人雕像長條狀飾件

　　由一長條狀的白玉雕刻成的胡人紋飾件，胡人的頭部上方，戴一彎曲的尖形胡帽，耳際上下以及頸部下方皆有卷雲紋紋飾。全器有黃土沁。

唐至五代白玉文人講道雕像

　　以白玉雕一端坐文人，面目清秀施文，頭上繫一假髮髻，耳朵以雲紋來取代。身穿寬袖右衽長袍，腰間繫一帶。雙手置於一平案上，口部微張，似在對人講說。玉質白潤，有明顯的黃土沁。

唐青白玉胡人持圓盾武士

　　一胡人武士雕像，頭帶胡人帽。身穿緊身衣褲，其上飾有陰刻的卷雲紋。左手拿圓盾，圓盾上亦刻有卷雲紋。右手持刀。左腳彎曲支撐著。右腳跪地。全身置於一方形立體台座上，一副威武善戰的樣樣。據查考圓盾的型制，此乃唐代之產物。全器略有黃土沁。

唐五代白玉獻祭右襟左衽雕像（漢人為左襟右衽）

　　由白玉雕成的跪姿人像，面容端正，頭戴硬腳幞頭。身穿寬袖右襟左衽袍衫，為一胡人。雙手共持一物，應是正在獻祭。玉質光亮，全器略有黃土沁。

| 高：8.5 cm ，寬：5.5 cm ，厚：3.5 cm |

隋唐青玉幞頭文官緊袖錦衣雕像

　　以青玉雕成的立姿文官雕像。五官端正。頭戴硬腳幞頭，身穿緊袖錦衣，其上有勾雲紋及勾連雲紋。雙手自然相觸於胸前。全器有明顯黃土沁。

| 高：9.5 ㎝ ，寬：4.0 ㎝ ，厚：2.5 ㎝ |

唐
代玉雕綜論

唐至五代黃玉戴進賢冠文官雕像

以黃玉雕成的立姿文官，面形儒雅，耳朵飾以雲紋。頭髮中分，往兩邊及往後束。頭
上戴進賢冠，身穿寬袖，左衽右衽袍衫。雙手相觸於腹前。全器有明顯蕈土沁。

唐至五代青玉螺形幞頭文官雕像

　　由青玉雕成的立姿文官，五官端正，頭戴螺形幞頭。身穿窄袖，左襟右衽袍衫。雙手相觸於腹前。全器有明顯黃土沁。

唐至五代青玉幞頭文官雕像

　　由青玉雕成的立姿文官，五官端正，頭戴幞頭，身穿窄袖，左襟右衽袍衫。雙手相觸於腹前。全器黃土沁相當明顯。

| 高：14.0 ㎝ ，寬：4.0 ㎝ ，厚：2.5 ㎝ |

唐青玉帶幞頭文官俑

　　由青玉雕成的一直立俑，面容嚴肅。頭上戴著幞頭的文官帽。身穿窄袖長袍，其上飾有淺浮雕的雲紋。雙手相觸於腹前。全器有明顯的黃土沁。

唐青玉紅化書生雕像

唐青玉持藥罐著樹葉衣神農氏雕像

　　青玉雕一直立神農氏，面容方正，頭上繫一髮髻。身穿樹葉綴拼而成的緊袖長袖衫，
腰部一帶，束一結。右手向上彎曲放於胸前，左手持一藥罐。全器有石灰水沁。

唐青白玉崑崙奴雕像

　　青白玉雕成的直立崑崙奴，面貌圓潤，頭髮兩邊在中間各繫一結。頭上正中央繫一三角髮髻。身穿長衫裙，長袖，袖口寬大。雙手舉在胸前，一副柔順的樣子。全器黃土沁明顯。（崑崙奴：指的是東南亞一帶，如印度尼西亞、馬來西亞等之土著人。雖然皮膚較中國人黑，但仍然是黃種人，唐代時，他們來到中國，主要是當僕役。李白《上元夫人》詩：「上元誰夫人，偏得干母嬌。嵯峨三角髻，餘髮散垂腰。」即謂此。）

唐白玉大食人雕像

　　白玉雕大食人，頭戴尖形帽，臉部下巴留有大把的鬍子。身穿圓領襦衫。右手抓住一個袋子的口，將其背在右肩上。唐代與西域的交通、來往互動頻繁，與大食（即阿拉伯帝國）亦然。首都長安城內，每天亦有不少的大食人來來往往，所以在唐代，出現大食人的玉雕像，應是很自然的事。全器有明顯的黃土沁。

|高：16.0 cm，寬：5.5 cm，厚：5.0 cm|

唐青白玉持瓶立俑

　　一塊白玉雕成一立姿男子，面容俊秀。中分頭髮往後束，頭上正上方繫一髻。身穿緊
袖短襦，長衫，右衽，腹部繫一帶，帶的兩端，自然下垂。左手托一瓶之底部，右手執瓶
之腹部。全器有黃土沁。

唐白玉宦官雕像

　　白玉雕一直立的宦官，圓胖的臉，額上兩道縐紋，似有所思。頭戴瓜形帽，帽上飾一圓球形織物。身穿圓領長袍衫。裹在袖內的雙手，抱在胸前，一副打恭作揖的模樣。長袍及地，下擺呈三角形，邊飾三條直紋。兩腳著靴，從袍邊露出。全器有黃土沁。

唐白玉觀音像

　　白玉觀音站在雕有蓮花瓣文飾的台座上。觀音面容慈祥。雙手結說法印。天衣飄帶繞身，鏤空工藝，手法精美。全器有黃土沁。

| 高：20.5 ㎝ ，寬：6.5 ㎝ ，厚：3.5 ㎝ |

唐白玉胡人持長棒耍猴雕像

　　一塊白玉雕一胡人，頭戴尖形胡帽，臉形憨厚，唇上留有八字鬍。身穿短襦長褲。左手放置於腹前，右手執一長棒，棒上端停一小猴。胡人右腳彎曲跪地。左腳彎曲，左小腿豎起，足部接觸地面，似乎隨著表演而適時調整姿勢。全器有黃土沁。

| 高：15.5 ㎝，寬：4.5 ㎝，厚：3.0 ㎝ |

唐青玉頭戴雙培硬頂官帽人物雕像

　　一立姿人物，面貌嚴肅，頭戴雙培硬頂官帽，身穿對襟大袖長袍，腰繫寬帶。左手拿一手卷文件之物，右手自然下放。全器黃土沁明顯。

唐青白玉持燭台立俑

　　一塊青白玉雕成一立姿男子，五官端正，中分的頭髮往後束，頭上正上方繫一髻。身穿緊袖短襦，長衫，右衽。腹部繫一帶，帶的兩端自然垂於腹前。左手托著燭台的底部，右手執著燭台。全器有黃土沁。

唐白玉童男玉女俑（武則天時期）

　　白玉雕一對直立的童男玉女。童男頭戴幞頭且幞頭向前九十度傾倒，此乃武則天時期
特有的型制。玉女的頭髮兩邊各繫上假髮髻。童男玉女兩手觸於腹前。玉女的袖口較寬。
此兩雕像皆有明顯的黃土沁。

男俑｜高：18.0 ㎝ ，寬：6.0 ㎝ ，厚：4.0 ㎝｜
女俑｜高：18.0 ㎝ ，寬：6.0 ㎝ ，厚：4.5 ㎝｜

唐青玉武士俑

　　由青玉雕成的一直立的武士，臉形豐潤，頭髮中分，頭上正上方繫一髻。身穿長袍短襦，衣服上飾有淺浮雕式的雲紋。雙手握拳相觸於腹前。全器有明顯的黃土沁。

| 高：20.5 cm ，寬：5.0 cm ，厚：5.0 cm |

唐青玉跪姿御車俑

　　一塊青玉雕成一跪姿御車俑，面容一般。緊袖，雙手彎曲向前，似正執轡繩。全身衣服上飾有淺浮雕雲紋。全器黃土沁明顯。

| 高：18.0 ㎝ ，寬：8.5 ㎝ ，厚：9.0 ㎝ |

唐青玉綬帶文官俑

一塊青玉雕成一直立文官，面容端正，雙手相觸於腹前。身穿緊袖長衫。衣服上刻有
淺浮雕紋飾，獸面紋與雲紋。兩邊腰際各有綬帶，顯示此人即為文官。全器黃土沁明顯。

唐白玉訓鷲大食人雕像

　　以白玉雕成的大食人，站在一方形座上，頭戴風帽，身穿緊袖長衫袍，右手自然下垂，左手上停了一隻鷲鳥，顯然此大食人為一訓鷲者。玉質潔白光潤，全器有微微黃土沁。

| 高：6.5 cm，寬：3.5 cm，厚：1.8 cm |

拾陸

其他雕像

　　本項中的白玉坐龍（高11.5cm），頭額上的一對角如鹿角，圓形雙眼凸出，長長的鼻吻如鱷魚，張口露出獠牙，龍身滿佈鱗片紋，蛇胸，羽毛狀的雙翼如鳥翼，呈坐姿狀，四肢結實有力，足上有爪如鷹爪。集合數種動物的特點，雕出了唐代的坐龍，雕工細緻，是一件相當美的作品。

　　另一件唐代作品，雖非玉雕，而為銅鏡，將其納入本書，主因是其上的圖飾為當時鄰近邊國組成了進貢團十七人，以牛車載著貢品前來唐朝京城，其中有演奏各種樂器的舞樂團，活潑生動有趣，熱鬧滾滾。由圖中可看出當時的人物造型、服裝、樂器，也可與本書中玉雕所呈現的情形作一比較或對照。

唐白玉坐龍雕像

　　白玉雕一坐龍，頭部一對角，雙眼凸出，長長的鼻吻，張口露出獠牙，龍身密布鱗片，蛇胸，具有羽毛狀的雙翼。前肢站立，後肢呈坐姿狀態。玉質光潤，微略有黃土沁。

| 高：11.5 cm ，寬：6.0 cm ，厚：4.0 cm |

唐鎏金鎏銀進貢圖銅鏡

　　圓形，圓鈕，花邊繞圓鈕。花邊的十二隻銜花枝的小鳥環繞飛行。主紋：成人十七人、兒童二人、由一騎馬漢人前導胡人進貢團，其中包括載著貢品的牛車、來使、舞樂團十數人，除了舞者之外，演奏者的樂器有琵琶、腰鼓、銅鑼、長笛、古箏等。人物刻劃細膩，活潑生動，一副熱鬧景象。邊飾幾何形紋。

| 直徑：21.3 ㎝ |

附：隋代人物雕像

　　隋代雖然是一個短暫的朝代（公元581年至公元618年）只有短短的三十七年。在這段期間，科技文化承上啟下，在世界上也是有目共睹的。

　　由於隋代前後時間很短，想像玉雕作品可能也流傳不多。本項中的「青白玉矮几前說書雕像」，時間訂為隋代前後。夫子跪坐在矮几前似在說書的模樣，全注。由於所處地下土質環境的關係，本件玉雕的土沁及石灰水沁相當明顯。

隋代前後青白玉夫子矮几前説書雕像

以青白玉雕成的一夫子，跪坐在矮几前，面貌溫文儒雅，頭上挽髻。身穿短袖半襦。雙手放置於几上，一副似在説書的模樣。全器有土沁及石灰水沁。

| 高：15.0 ㎝ ，寬：7.0 ㎝ ，厚：9.0 ㎝ |

拾捌

附：五代雕像

　　五代十國（公元907年至960年），唐末在中原地區相繼出現了梁、唐、晉、漢、周五個朝代，在南方及河東地區出現了吳、南唐、吳越、楚、閩、南漢、前蜀、後蜀、荊南、北漢等十個割據的政權。

　　本項中白玉天王雕像（高32.0cm）魁武的身材，身披天衣，頭後方有火焰紋的頭光，身穿戰袍，站在蓮花座上，佛教有所謂的護世天王或稱四大金剛。此雕白玉雕成，算是高大。

　　另一雕像，灰玉騎龍天王雕像（高26.0cm）也是高大的作品，天王頭戴西北的渾脱帽，身穿戰袍，騎在一條長尾龍上，氣勢非凡。

五代白玉天王雕像

　　白玉雕一直立天王，身材魁武，面貌威嚴肅穆，頭戴似獸角圍成的圓帽，頭後方有火焰紋圍成的頭光。天王身穿緊袖戰袍，有胸護，身披天衣。站在一由正覆蓮紋所組成的蓮花座上。天王的雙手於腹前持一垂直利劍，劍尖向下。全器有明顯的黃土沁。

| 高：32.0 ㎝ ，寬：12.0 ㎝ ，厚：7.0 ㎝ |

五代灰玉騎龍天王雕像

　　以灰玉雕成的天王，濃眉大眼，面形嚴肅，所戴西北族的渾脫帽。頭上有一神鳥，身穿緊袖戰袍，胸有圓護。天王跨騎在一長尾龍上，一副威武無敵的模樣。全器玉質圓潤，土沁明顯。

| 高：26.0 ㎝ ，寬：12.0 ㎝ ，厚：10.0 ㎝ |

愛生活 27

唐代玉雕綜論

作　　者—方勝利、劉嶔琦
視覺設計—李宜芝
主　　編—林憶純
行銷企劃—王聖惠

第五編輯部總監——梁芳春
發 行 人——趙政岷
出 版 者——時報文化出版企業股份有限公司
　　　　　　10803 臺北市和平西路 3 段 240 號 7 樓
　　　　　　發行專線—（02）2306-6842
　　　　　　讀者服務專線—0800-231-705・（02）2304-7103
　　　　　　讀者服務傳真—（02）2304-6858
　　　　　　郵撥—19344724 時報文化出版公司
　　　　　　信箱—臺北郵政 79～99 信箱
時報悅讀網——http://www.readingtimes.com.tw
電子郵件信箱——newlife@readingtimes.com.tw
法律顧問——理律法律事務所　陳長文律師、李念祖律師
印　　刷——詠豐印刷有限公司
初版一刷——2017 年 12 月 15 日
定　　價——新臺幣 1,500 元
（缺頁或破損的書，請寄回更換）

唐代玉雕綜論 / 方勝利、劉嶔琦作 . -- 初版 . – 臺北市：
　時報文化, 2017.12
　　320 面 ; 21*28 公分

ISBN 978-957-13-7182-5（平裝）

1. 古玉　2. 玉雕　3. 唐代

794.4　　　　　　　　　　　　106018159

ISBN 978-957-13-7182-5
Printed in Taiwan